WORD SEARCH FOR SMART KIDS

AGES 8 TO 12

101 Educational Theme Puzzles with Fun Facts to Help Learn and Improve Vocabulary and Cognitive Skills

By Elsie Berkeley

Copyright © 2024 by Elsie Berkeley

All rights reserved. No part of this publication may be reproduced, distributed, or transmitted in any form or by any means, including photocopying, recording, or other electronic or mechanical methods, without the prior written permission of the publisher, except in the case of brief quotations embodied in critical reviews and specific other noncommercial uses permitted by copyright law.

For permission requests, contact the publisher at elsieberkeley@yahoo.com

TO ALL THE FANTASTIC PARENTS...!

Welcome! I'm happy you selected this book for your kids. I poured my heart and soul into concealing these devious words, and I can't wait for your kids to channel their inner detective!

Finding all the words in a word search is exciting, like cracking a hidden code. This book has puzzles for all skill levels, ranging from beginner hunts to mind-bending problems. Whether your kids are experienced word searchers or beginners, get ready to strengthen their focus!

Use a pencil to circle the words that they locate. It helps to keep things clear and prevents any permanent marker mistakes! Are they feeling bold? For an extra challenge, try solving puzzles with a pen.

I would love to know how they do! Did your kiddo find the puzzles exciting and challenging enough? Please share your opinions in a review. Your feedback means everything to me.

Happy searching!

Elsie

INSTRUCTIONS

A word search puzzle is a word game that consists of the letters of words placed in a grid, which usually has a rectangular or square shape.

The objective of this puzzle is to find and mark all the words hidden inside the box.

1. Read the Word List

Each puzzle has a list of words (or a theme) that you need to find within the letter grid. Look over this list carefully before starting the puzzle.

2. Search for Words in the Grid

• Find the hidden words in the grid of letters. Words can be arranged in any direction:
• Horizontally (left to right or right to left)
• Vertically (top to bottom or bottom to top)
• Diagonally (upwards or downwards, left to right or right to left)

3. Circle or Highlight the Words

Once you find a word, circle or highlight it in the grid. Be sure to start with the first letter and mark the entire word.

4. Cross Off the Found Words

After you've found and marked a word, cross it off the word list to keep track of your progress.

5. Find All the Words

Continue searching until you have found all the words in the list. Sometimes words may overlap, so be thorough in your search!

★ Tips for Success

•Start with shorter or unique words, which are usually easier to find.
•If you get stuck, try focusing on one area of the puzzle at a time.
•Relax and have fun! Word searches are meant to be enjoyable, not stressful.

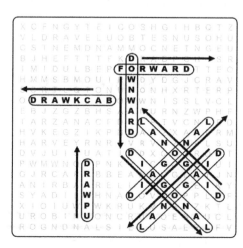

ANIMALS OF THE JUNGLE

Jaguars have the strongest bite of any big cat, powerful enough to crack turtle shells!

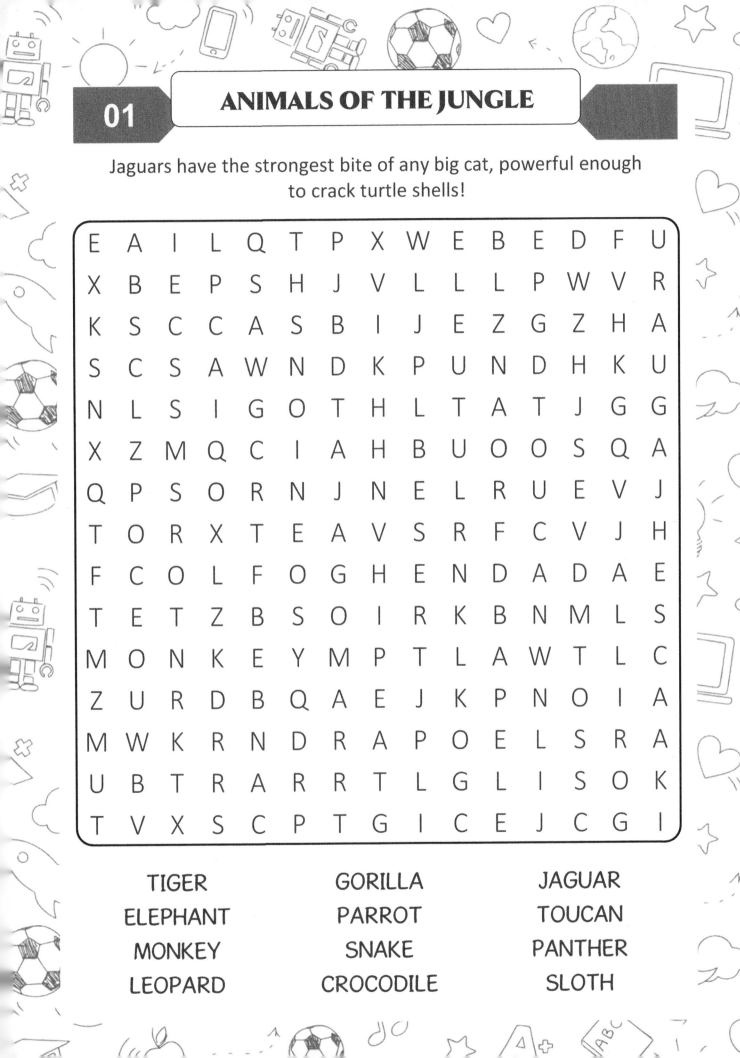

```
E  A  I  L  Q  T  P  X  W  E  B  E  D  F  U
X  B  E  P  S  H  J  V  L  L  L  P  W  V  R
K  S  C  C  A  S  B  I  J  E  Z  G  Z  H  A
S  C  S  A  W  N  D  K  P  U  N  D  H  K  U
N  L  S  I  G  O  T  H  L  T  A  T  J  G  G
X  Z  M  Q  C  I  A  H  B  U  O  O  S  Q  A
Q  P  S  O  R  N  J  N  E  L  R  U  E  V  J
T  O  R  X  T  E  A  V  S  R  F  C  V  J  H
F  C  O  L  F  O  G  H  E  N  D  A  D  A  E
T  E  T  Z  B  S  O  I  R  K  B  N  M  L  S
M  O  N  K  E  Y  M  P  T  L  A  W  T  L  C
Z  U  R  D  B  Q  A  E  J  K  P  N  O  I  A
M  W  K  R  N  D  R  A  P  O  E  L  S  R  A
U  B  T  R  A  R  R  T  L  G  L  I  S  O  K
T  V  X  S  C  P  T  G  I  C  E  J  C  G  I
```

TIGER	GORILLA	JAGUAR
ELEPHANT	PARROT	TOUCAN
MONKEY	SNAKE	PANTHER
LEOPARD	CROCODILE	SLOTH

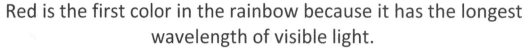

02 COLORS OF THE RAINBOW

Red is the first color in the rainbow because it has the longest wavelength of visible light.

```
G J B R X T A U I L C Y A N Z
J D K Q A T T P F R S X I H D
V W L W N O E D E I R N W W V
B Q T E X L L S S A D E O B D
S I G X N D O F R I C Y L N W
T A K R C C I S G E E H D V B
M T D P O P V O O L A G E J U
G R P W B O K P L Q V F B G E
I Q T B R G U O S P T S R W N
R V U A Q Q W P C E O E Z J A
V T N J C P I J B D E L R Q Q
H G H Z R N O K L N E H A K T
E E T E K E X D U B P F M P N
I H H V V E D K E H Z D W A H
L F Z A A Z L A V E N D E R I
```

RED	BLUE	CYAN
ORANGE	INDIGO	MAGENTA
YELLOW	VIOLET	LAVENDER
GREEN	PINK	PEACH

TYPES OF FRUIT

Bananas are berries, but strawberries aren't!

R	D	S	T	R	A	W	B	E	R	R	Y	P	T
L	V	U	E	B	E	A	N	A	N	A	B	R	I
I	Q	P	M	G	G	S	M	G	T	A	P	R	N
H	O	Q	I	N	N	W	L	V	N	P	U	E	E
W	S	O	F	S	B	A	P	S	Q	X	Z	H	A
I	O	D	K	H	Z	L	R	W	D	P	P	C	P
W	A	T	E	R	M	E	L	O	N	E	F	X	P
G	G	J	U	K	A	U	S	C	C	A	M	P	L
L	O	J	D	A	I	P	Q	I	W	C	Z	C	E
V	G	M	O	R	W	W	H	T	T	H	F	Z	M
G	R	A	P	E	A	H	I	W	E	H	N	K	Z
G	S	N	C	O	E	E	L	V	L	O	L	F	K
O	Q	G	R	F	R	V	P	Z	P	E	P	V	V
W	G	O	N	S	F	N	M	W	P	Z	D	O	N
S	J	I	O	T	G	J	Q	P	A	F	M	F	F

APPLE   MANGO   WATERMELON
BANANA   PINEAPPLE   CHERRY
ORANGE   KIWI   PEACH
GRAPE   STRAWBERRY   PEAR

PARTS OF THE BODY

Your tongue is the only muscle in your body that's attached at just one end.

```
S H G M M L P G K S N X R Q A
T E W R B A N M T B A H B U J
L F O O T P F O D F F V A C T
U E K V I C M V T Z K C E N D
C Q G M Q A H S E D Z D F R S
B P D W C U E E U Y A M R K O
D D C H G I X B S T E E F E G
H K F E H N B W I T V C H I W
U G D T D E S D W O H E R G I
J X U R P L W I L Z J M N A K
Z O E F R S I C U R E O P E E
M H D I R U H A N D S U O B X
T B T E A F H J J E X B I S H
R O Q S M R A A B W U W P U N
V G A G I U T F L H S Q H T D
```

HEAD	FOOT	MOUTH
ARM	EYE	NECK
LEG	EAR	CHEST
HAND	NOSE	STOMACH

SPORTS EQUIPMENT

The longest tennis racket you can use in a match is 29 inches long!

```
J  L  S  K  Z  A  D  R  R  X  G  D  V  G  U
L  U  L  K  H  E  L  C  Y  C  I  B  G  O  B
V  O  U  O  A  B  X  T  B  S  E  A  O  A  N
P  R  M  T  E  T  F  J  U  T  V  C  G  L  T
S  A  D  K  E  W  E  H  U  W  H  V  G  P  V
E  P  D  N  F  K  H  B  B  Q  X  T  L  O  O
O  I  Q  I  M  H  C  F  O  G  M  U  E  S  D
H  J  V  L  N  T  C  A  L  A  H  Z  S  T  U
S  A  P  E  L  H  M  O  R  G  R  Z  O  O  M
C  F  T  X  F  A  V  X  U  O  J  D  T  V  B
Q  U  B  J  F  E  B  D  X  T  Z  G  X  O  B
H  A  F  A  D  S  E  M  R  E  Z  K  O  R  E
T  B  M  E  T  E  X  D  Z  N  H  B  H  L  L
J  Q  D  M  R  R  X  G  L  I  O  S  W  C  L
Q  K  H  E  L  M  E  T  I  A  O  O  B  X  F
```

BALL	GLOVE	SKATEBOARD
BAT	NET	BICYCLE
RACKET	SHOES	GOALPOST
HELMET	GOGGLES	DUMBBELL

SCHOOL SUBJECTS

In ancient times, math was used to track the stars and make calendars.

```
M G O E E R U T A R E T I L Y
E A O I Z I Q J U K G M W R R
B S K U I W D G U J E P F M T
F E M A L T J S K M O B A X S
V U H Y R O T S I H G V C R I
I A C F N A D K Q M R O M X M
F Y G O L O I B Q N A P C J E
J Q S E K N E S F D P N M A H
I U A C K C S N R W H M C D C
T R A N X K I A G T Y M V E J
Z R J E Z M M S A L L I R E E
O N O I F A K M U V I S B P G
C U G C V O L D S M B S I Q R
N Z I S C E X I I I U N H R W
S C I S Y H P W O I H K T P H
```

MATH   GEOGRAPHY   CHEMISTRY

SCIENCE   ART   PHYSICS

ENGLISH   MUSIC   LITERATURE

HISTORY   BIOLOGY   DRAMA

OCEAN CREATURES

An octopus has three hearts and blue blood!

```
O S V G X A D B O H W W H V I
N J A C W F Q E U Q E X D Z P
F E M R P V L S I H W Q V O F
S L P A G T H T E U H H T S X
R L G B R C L I K N A S F E R
V Y U U Q R T N O X L I Z A T
D F T M O E R G Q N E F G H S
O I M H X T O R T T M N Q O B
L S P W H S T A H O K W R R K
P H Q M X B W Y F O F O J S G
H W B B P O P O M B S L F E K
I Z I J N L L U E I D C H O R
N C G Z K S U P O T C O J S A
V W W G X L K G U M G B R X H
N S T A R F I S H V S K D R S
```

SHARK   STARFISH   SEAHORSE
DOLPHIN   JELLYFISH   STINGRAY
WHALE   LOBSTER   TURTLE
OCTOPUS   CRAB   CLOWNFISH

TYPES OF BIRDS

Hummingbirds can flap their wings up to 80 times per second!

```
C R N H U K Z L G R P Q D K S
R T L U P T G P L S I O B D S
N I X M N L M Z L U W U G S U
I E W M P U V V G A G G G J X
U A O I P J X T U C Q A I V Q
G G G N N E I H Q G O J E X I
N L N G P Q A W F Z I K D S W
E E I B B B B C O D W O R C A
P O M I D V G G O R H P R E W
G T A R P G D F N C R A R C N
W T L D K R K K E I K A W B M
O K F I T U L P U P B L P K W
M D Z U D W F M W U N O N S T
L H Z A O X E H M K O A R A A
I T J W P A R A K E E T U Q V
```

EAGLE	PENGUIN	SEAGULL
SPARROW	FLAMINGO	PARAKEET
ROBIN	PEACOCK	HAWK
OWL	CROW	HUMMINGBIRD

COUNTRIES OF THE WORLD

Canada is the second-largest country in the world, but it has fewer people than California!

```
V W F A I D N I S H Z M U D P
I W K H N I H L N N U J N U Z
Q A E A A G Y B V H N A Q B V
P E P P O N X B H F I F I R V
K A S X A U O Y Q G T Q Q A S
J L D M G C A L C N E T C Z Q
U L R J I Q D A A D D R R I E
C E U X R D A T E P S E H L M
G G E Z H C N I C H T G K F B
F M X J H H A R N E A O Z J A
V Q F I P E C N A Q T B H T F
I V N K X W J G R Q E H K C S
Z A O K H A H W F A S X U K E
J B P O A M N G S W D I Q O U
A N I T N E G R A G K E B F X
```

UNITED STATES	ARGENTINA	SPAIN
CANADA	FRANCE	CHINA
MEXICO	GERMANY	JAPAN
BRAZIL	ITALY	INDIA

MUSICAL INSTRUMENTS

The world's largest piano is over 18 feet long and weighs more than a car!

```
G P C D T B J A P C R E T F L
H X C N S A X O P H O N E E Z
B D L E K R E N R S I M J A F
X E A T J V P C R J J H P G K
W B R U R R D I A U A R D W A
P H I L T W R Z T J O O V O P
T B N F A H C R I F M F D D P
E N E N E T A B U M K R E T P
N I T F S U S I G M B S F E I
O L Z I Q B V P D J C J H P A
B O P G K A P B R R E E I M N
M I H C R J E R P Q L I W U O
O V Z C J O G O W L L Z B R K
R H R J T M U R D D O I D T U
T L N E A C I N O M R A H J B
```

PIANO	TRUMPET	CLARINET
GUITAR	DRUM	TROMBONE
VIOLIN	SAXOPHONE	HARMONICA
FLUTE	CELLO	TUBA

INSECTS AND BUGS

Ants are super strong—they can carry things 50 times their own body weight!

```
C M E T G Q I O D A T N X R T
X D R L L L J R Q T S P E U S
G L C V T W I X Q K I P T Z S
U D G J R E B V Y A P S K L Z
B K S H W R E L N O X R R Q M
Y I A R E H F B H O B C F L N
D U M D O R F S P E L O Q E Q
A F I G E U S A E B R Q X P S
L P X T S A A D R T O Z J A O
S Z T W R X Y L F N O G A R D
M U O G O T I U Q S O M N U N
B A Y L J J Z P P J I V M P H
W L G D E Z T N A Q I M Q N C
F T O T M R F K P S A W F G C
S R A L L I P R E T A C W F G
```

ANT	BEETLE	FLY
BEE	LADYBUG	CATERPILLAR
BUTTERFLY	DRAGONFLY	GRASSHOPPER
SPIDER	MOSQUITO	WASP

Jupiter is so big that over 1,300 Earths could fit inside it!

```
C O C P Z S R S F O U U P J E
A X Q G U A U H N D L D M I L
S D T H O N K Z S M Q V B D R
H W A B A H R A J E J T C A W
R A P R H T R A E R A H T S N
G M U D L L N N J C N J Z T Q
O B A N L G V P C U X O X E J
C R F R R W I A A R W P U R P
V M E I S U N E V Y G D N O L
F Q O T B I T E X M K X N I U
I K H O I N T A G S T C J D T
G U K V N P G N S R W Q D R O
S R I T P X U L U E A F Q R M
D N N D B C P J J S M T D Q I
V M G T S M E N U T P E N B T
```

MERCURY   JUPITER   PLUTO

VENUS   SATURN   SUN

EARTH   URANUS   MOON

MARS   NEPTUNE   ASTEROID

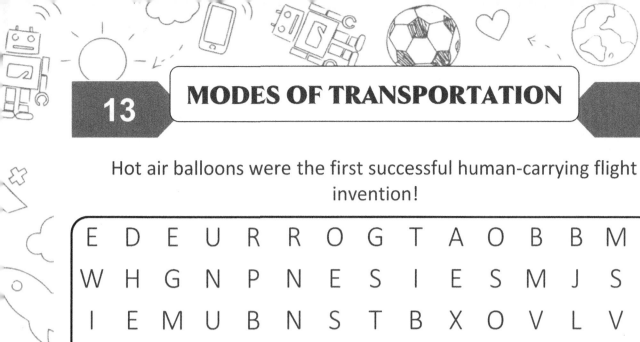

Hot air balloons were the first successful human-carrying flight invention!

```
E D E U R R O G T A O B B M U
W H G N P N E S I E S M J S W
I E M U B N S T B X O V L V R
O L K X V J P X O T O G R E G
K I W N H S G Z O O U K A N N
I C W P U N S R T B C U C A C
T O C B X F C F F A Q S X L K
H P W V B Y Z W I Z N T P P F
T T B C C S I N U K X G H R E
C E R L T N C W E Z V D M I L
Q R E A E A U J D T S G V A C
U C W Q I T X M W Q K V H A Y
P B G G E N I R A M B U S O C
N O O L L A B R I A T O H R I
Z D R A O B E T A K S S Q O B
```

CAR	TRAIN	HELICOPTER
BICYCLE	BUS	SUBMARINE
AIRPLANE	SCOOTER	HOT AIR BALLOON
BOAT	MOTORCYCLE	SKATEBOARD

TYPES OF TREES

The baobab tree can store up to 32,000 gallons of water in its trunk!

```
M F C L K V M R A D E C H T L
L E E G H R V R E D W O O D F
A E W M S L X A V I R P W T L
P F A C S T V B U C A T K W S
W G B F S E J B D G N A X B W
I X I G E E L P A M O M N C U
L R R I R R O C E T Z C H K N
L M C J P R D T T G J E S R A
O B H S Y W N C M Z S P R S C
W E J O C H H U T T C K P A X
D C N F Z K Z V N K H E O L U
C J Q I D M Z U R W N F S Q K
T J Z E P B T I D W F F M Q C
H L G N W U F L R M D V R Q F
L X J T I D B N G G W F M G S
```

OAK	CEDAR	REDWOOD
PINE	PALM	ASPEN
MAPLE	FIR	CHESTNUT
BIRCH	WILLOW	CYPRESS

SHAPES AND GEOMETRIC FIGURES

A hexagon has six sides, just like a honeycomb!

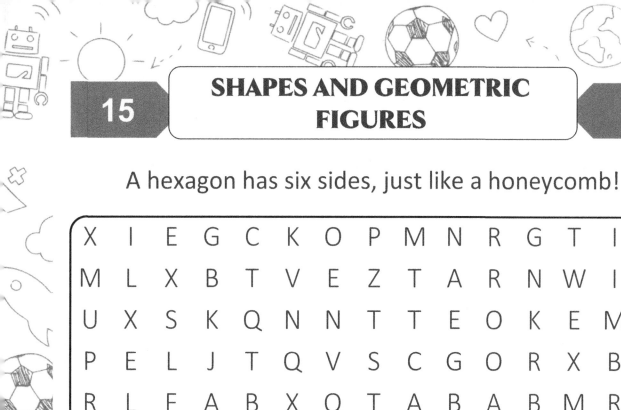

```
X I E G C K O P M N R G T I B
M L X B T V E Z T A R N W I D
U X S K Q N N T T E O K E M I
P E L J T Q V S C G O R X B A
R L F A B X Q T A B A B M R M
G M G O I T A X I U D E K S O
R O W N F N E I Q B S L U T N
N O J F G H G S G O P N W D D
O I E L P I H L C D C L I E O
U T E E O X C B J I K N A H O
K D E L G N A I R T R B Q V Q
D X Z U F I D A M D Q C A K O
T S U B M O H R L B S I L L Z
X K D I O Z E P A R T C X E M
V X E G P W G N O G A T C O G
```

CIRCLE   HEXAGON   OVAL

SQUARE   PENTAGON   TRAPEZOID

TRIANGLE   OCTAGON   RHOMBUS

RECTANGLE   DIAMOND   STAR

DAYS OF THE WEEK

Did you know Wednesday is named after the Norse god Odin?

```
T I Z D N E K E E W Q K X U R
N I I U X J X T D C X G Y I B
O K T G T T A R S F P C A W A
Y J C F R I D A Y Z H J D P S
A S K N W J Z Z L N X S N H U
D Z T U E S D A Y Y T S O H N
R R K E E W O T A W J P M D D
E T F J Z H P D J V Q U P U A
T X H D W M S A V E J G V U Y
S R A D K E X I I G A H S U Z
E R P X N S A T U R D A Y U C
Y B G D P Z R R D I H C W J D
C U E Z Y A D S R U H T N H H
X W O R R O M O T O I I I I S
X H Z N B X D P T O D A Y Q P
```

MONDAY
TUESDAY
WEDNESDAY
THURSDAY

FRIDAY
SATURDAY
SUNDAY
YESTERDAY

TODAY
TOMORROW
WEEK
WEEKEND

SEASONS OF THE YEAR

In some places, autumn is called "fall" because that's when the leaves fall from the trees!

```
P O R E T N I W L Q E P B A E
K B O I P J I J N T Q O H L W
F R O V N N U H R M Q C O F H
J G Y E Q B D Z S P X Q V L F
C G Z M N M U T U A Q F W I R
B I N Z R S B U X U I I M U R
A D S I M O N S O O N K L F G
D T J N R P T L M D V I J D Q
I H F C N P U S Y C J D D C I
E C J V O X S O Q W B K K K H
V N U T B L I S U M M E R Q D
T V X I O Z D F A L L E R Z D
Q N G V O H T C R A I N Y B I
G K E I J I H J E C L K R Q T
Z T K J E I Y R D H C W Q M C
```

WINTER	FALL	STORMY
SPRING	RAINY	WINDY
SUMMER	DRY	HOT
AUTUMN	MONSOON	COLD

JOBS AND OCCUPATIONS

Firefighters don't just fight fires—they also rescue cats from trees!

```
R S H L F T K F F F P S H A T
E N G I N E E R P P O C C H G
Q R G A M N P F N A L N B W D
T S I T R A C E U A I F K T R
U T T N S V S B W Z C E U Z E
U C S S Q X A D I W E H Q L T
H A I E Q J M F D O F C T F H
L U T S R O T C O D M V T W G
H V N R W V U E M K P F E R I
W O E Z D M N I M T I A A I F
I S I F A L C U D N L R C T E
V N C Q Q X V A R Q O M H E R
X C S T H F R S D S T E E R I
Z P U V R N K K L Q E R R U F
K G Q Q S C S Z Q J R L V M O
```

DOCTOR   PILOT   ENGINEER
TEACHER   CHEF   ARTIST
FIREFIGHTER   FARMER   WRITER
POLICE   SCIENTIST   NURSE

KITCHEN UTENSILS

The whisk was invented over 500 years ago, and it's still used for making fluffy cakes today!

```
F G Z J C E X S P A T U L A E
X H U I G R A T E R T Z J X L
P F J K J X H O Q L M D V D D
O D O J C N F C O V Z K Z Q A
I P K R C P S C M A O A M Z L
T N Z D K I P X C X W H B A S
U I Z L D I O W S H N C A X P
T P M K G D O E I D R S R C Z
L G T I G I N S Q O E X E E G
D N T O J O K E B G N T D F D
L I S U N R D B J F I C N I V
X L V P P G O E Z X A A A N B
S L G D T R S C E N R I L K E
Z O V Q F Z Z K K G T M O H G
A R G V P E E L E R S J C E K
```

SPOON	LADLE	GRATER
FORK	WHISK	ROLLING PIN
KNIFE	TONGS	STRAINER
SPATULA	PEELER	COLANDER

TYPES OF WEATHER

20

Lightning is five times hotter than the surface of the sun!

O	E	X	E	Y	Y	H	D	T	F	T	O	T	R	I
E	R	N	N	A	W	F	I	O	H	Y	I	H	S	B
P	L	I	A	H	O	G	Q	R	S	M	B	U	O	S
D	A	Q	W	S	N	K	W	N	O	R	H	N	P	W
R	A	M	H	E	S	F	U	A	N	O	U	D	X	B
B	S	S	A	Z	E	N	D	D	C	T	R	E	V	C
A	U	T	F	N	K	L	C	O	N	S	R	R	Y	Q
K	N	F	E	F	T	M	K	C	L	U	I	S	G	N
B	N	U	L	E	O	Y	D	N	I	W	C	T	G	N
Z	Y	T	Z	L	B	K	T	T	I	Y	A	O	O	X
K	L	U	Z	Q	O	J	J	W	D	F	N	R	F	T
U	E	J	I	Z	I	N	A	U	M	E	E	M	P	R
N	J	J	R	Q	M	E	O	Z	P	D	X	O	F	A
S	U	Z	D	P	E	L	O	W	S	S	C	D	E	P
I	M	S	K	M	C	E	H	V	G	I	P	U	K	B

SUNNY	STORMY	DRIZZLE
CLOUDY	SNOWY	THUNDERSTORM
RAINY	FOGGY	HURRICANE
WINDY	HAIL	TORNADO

HISTORICAL FIGURES

Albert Einstein didn't speak full sentences until he was four years old!

```
Z N I E T S N I E T R E B L A
M A R I E C U R I E K K G N R
T R A H R A E A I L E M A Q G
I R I M A V P Z Q C J H H C J
V P A L S E T A L O K I N M O
V X X P E D X E U S Z T K R A
A B R A H A M L I N C O L N N
M E P W N F R H T A D I U H O
B I H D N A G A M T A H A M F
T S D J Q N G N R S Q J Q U A
X V N R E K S K R A P A S O R
Z T S G H S I V J O I Z Q M C
A Z J U L I U S C A E S A R L
I C N I V A D O D R A N O E L
H B V H A R T A P O E L C R K
```

GENGHIS KHAN   LEONARDO DA VINCI   MAHATMA GANDHI

ABRAHAM LINCOLN   MARIE CURIE   AMELIA EARHART

CLEOPATRA   JULIUS CAESAR   NIKOLA TESLA

ALBERT EINSTEIN   JOAN OF ARC   ROSA PARKS

TYPES OF CLOTHING

Jeans were originally made for miners because they're tough and durable.

```
M H Q B V C G J J B P X U C I
S C P B R V J K A I E T G K F
C E M B W L B T P C N A A A T
G G V U I Q L R W G C U P P A
B S X O N B F I C S F E S J K
P O T H L L T H M C N E T Z V
A D L N S G T S K W D A C K S
I H J J A B S A S W Q N P F T
O T G P V P S J H E X B Z H R
T R F S Z V S M E M R F T Z O
J I O V K K S C L Q B D S B H
G H P I I C T S W E A T E R S
V S Q R A N O A L X R N S X U
C T T C P X K S D Q C F P N P
J E H E S C A R F I S R T F L
```

SHIRT	JACKET	HAT
PANTS	SWEATER	GLOVES
SKIRT	SOCKS	T-SHIRT
DRESS	SCARF	SHORTS

SEAFOOD DELIGHTS

Lobsters have teeth in their stomachs!

```
H Q F H I O Y S T E R S S L L
Q A X L E N M U S S E L S P I
T V D Q R N C L X A W U J Q T
K S U D L A L Q C M W W N U D
O E G S O O S A L M O N R I N
L K W N W C B Q A K D Q D Q U
S L D P T H K S I T N I O K Q
E S M A L C C L T N U F C N X
P T P V R A E O K E W V B R W
U D G F L R R O N G R A P G H
R V K L E D U G U B R W Q S U
P M O K V R A A T C B N H T X
G P C W G H N S H R I M P N P
S A C K U U A K V E H A D Z O
M M D B T S B I K O H K G L Q
```

SHRIMP	TUNA	COD
CRAB	CLAMS	HADDOCK
LOBSTER	OYSTERS	MUSSELS
SALMON	SCALLOPS	MACKEREL

HALLOWEEN WORDS

The word "witch" comes from an old English word that means "wise woman."

```
M N K L T E M H C H T T M T D
F P S L B I E O B O T W I P I
E J J N J O Z T N E V P C C M
S B C K I S G O N S D V N Z B
K U L V H K B L M Z T H K F L
E W L E Q V P E W B F E N R A
L I I B K F V M I L I W R B C
E D W X K G N R U N X E R M K
T W M I H E R C O P O B S A C
O I V O T J H A U N T E D R A
N X S Q R C I C V I P N F F T
L T A N D Z H A B F E K U K P
R E D I P S U L A Z A E K S V
E R I P M A V B T B J W R C G
X D N F L O W E R E W V M O H
```

GHOST   SPIDER   VAMPIRE

WITCH   HAUNTED   ZOMBIE

PUMPKIN   SKELETON   WEREWOLF

BAT   MONSTER   BLACK CAT

CHRISTMAS VOCABULARY

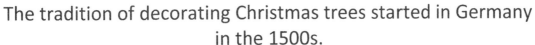

The tradition of decorating Christmas trees started in Germany in the 1500s.

```
Z O G I N G E R B R E A D L C
S G A D V E P S G X F U I S H
N G E R I W B W H J M G E E R
O U Z W P P Z R G V A P Z V I
W S A N T A Q S L E I G H L S
M G Z G M X L E R W G I O E T
A B P T J Z H N K U F V B R M
N S T N E S E R P S J V E M A
I N F P O B Z L S R T I O S S
R I N T N U U F I L N E R G T
S K I R K G V A P D R H G R R
L I M M I S T L E T O E X L E
L E O R N A M E N T S K P G E
E I O Z C D R Q M V B I O P W
B S T O C K I N G S H G X F W
```

SANTA   ORNAMENTS   ELVES
REINDEER   STOCKINGS   CHRISTMAS TREE
SLEIGH   MISTLETOE   GINGERBREAD
PRESENTS   SNOWMAN   BELLS

TYPES OF PIZZA TOPPINGS

In Japan, one of the most popular pizza toppings is squid!

```
O O T G M P B A M I M T G Z U
V W D F W T W Q U T L O G I D
N E K C I H C F S Z G M H N N
J P O D X C A R H M G A T O B
L G T L S G G E R T S T Z R E
O H Z F I Z F E O W M O D E L
F R M S N V V G O W V E Z P L
F L Q S S O E A M F O S R P P
N O X P F P E S S I X Q P E E
O N M I M M D U B C R D E P P
C I L N G M B A V J B X K D P
A O V A J H J S Q L M B A Q E
B N W C D M A H N U L U D P R
B S F H L P K Z L S T S W Z S
J W T E G E E L P P A E N I P
```

PEPPERONI   OLIVES   HAM

SAUSAGE   BELL PEPPERS   CHICKEN

BACON   ONIONS   SPINACH

MUSHROOMS   PINEAPPLE   TOMATOES

ACTION VERBS

"Run" is one of the shortest action verbs, but it uses over 200 muscles!

```
P B V O S D D W N T V V T B F
K B A I N P A B V W N M K U T
W X I X T R S P X T X I U C A
N U R L O W N H Z L Y G A G Q
S B G U E C N A D X P L V P Z
D T K I B W H H J V Q U F S A
P I K S O C C R S I U K R L
H F A U Q N L N C F S W I M G
G G G O F X G I G V Q E T M R
K O O C E P P B M D V J J R E
Q L M K C Z U J J B W D T D A
L I R R S U W K U Z F K M M D
E T I R W X G M M K Q F A R T
F K X Z T M C Q P J Q J G P A
J J X S R W H V K G N I S F E
```

RUN	FLY	PAINT
JUMP	SWIM	COOK
SKIP	DANCE	WRITE
CLIMB	SING	READ

ADJECTIVES

The longest English adjective is
"pneumonoultramicroscopicsilicovolcanoconiosis," which
describes a lung disease!

```
E  I  K  F  T  Y  L  W  S  Y  L  L  I  S  W
O  G  H  O  E  N  A  P  M  E  O  X  Y  I  K
L  G  O  I  A  N  D  O  A  X  B  R  V  C  A
G  F  H  U  Z  U  H  D  S  E  G  V  H  C  T
X  G  F  U  B  F  V  U  W  N  K  T  T  L  X
J  X  F  Z  L  P  O  M  A  I  T  D  V  S  I
O  F  J  V  A  I  D  J  D  P  V  X  L  T  R
O  M  I  A  R  Z  P  A  Q  K  S  E  S  R  K
C  D  R  U  B  K  K  Z  S  T  V  W  D  O  X
M  U  C  H  W  T  P  F  D  A  E  R  J  N  M
N  O  Q  A  H  T  G  C  R  A  I  D  T  G  H
R  L  L  P  X  M  X  B  K  B  W  E  V  U  D
O  W  F  P  R  V  Z  Z  F  S  I  Z  W  G  R
H  C  J  Y  V  H  M  N  J  U  G  U  B  G  K
I  A  J  X  B  G  R  Q  Q  K  P  D  Y  H  S
```

HAPPY	CURIOUS	LOUD
SAD	FUNNY	QUIET
ANGRY	SILLY	STRONG
BRAVE	SHY	WEAK

TYPES OF FLOWERS

Sunflowers can grow taller than most two-story houses!

```
C V I O L E T F E U B M D O N
A C D O Q Z D V S C K E V R C
R U Y M Y N O E P H O R C C O
N K L R V M A T H P M F P H U
A N I A I U T Y W X Z B Z I A
T J L E K K V P S I E U E D R
I Z D I U E R T O I G S C I E
O D L P D S N N H P A M O O W
N G L S I O N A S D P D P R O
F W O O U L F M M U W Y H H L
G K O U G A U F T E X N K Q F
F S E B F I V T A E G B N C N
H M K W X H R L N D N O R K U
K U G M H P Z A B S E O S N S
E B E M B A Z S M M Q N A O V
```

ROSE	SUNFLOWER	CARNATION
TULIP	DAFFODIL	PEONY
DAISY	ORCHID	POPPY
LILY	MARIGOLD	VIOLET

TOOLS IN A TOOLBOX

A wrench is also called a "spanner" in some countries!

```
S R O A O X L E S I H C N F P
W R E N C H E W G T U S F H
E Q E K D Q S I F H A C F V D
R T A R S M G M K K R N K H Q
C F I L N K O I U E E Q E D E
S L I E K Q O V W Z A R G I S
L A G A T S Z D C Q U G V L R
N B F R R A R O E S Z T A E E
N V L P E I G M A Q W T S V I
O N B O V M L E S K S H G E L
E S L E Q U M H Q T N P A L P
I A R Z E E A A V L L U C A J
Z W W E P S U K H D A O W K D
H P J A O D T I B F W A B J M
H W T U L O Z C O F K H G Q K
```

HAMMER	TAPE MEASURE	NAILS
SCREWDRIVER	SAW	SCREWS
WRENCH	LEVEL	BOLTS
PLIERS	DRILL	CHISEL

DESSERTS AND SWEETS

The first ice cream cone was invented by accident during a World's Fair!

```
W  W  P  I  D  H  B  R  O  W  N  I  E  S  A
X  K  W  N  P  V  D  P  I  O  W  V  Z  O  U
C  E  E  S  T  U  N  O  D  O  T  L  H  T  V
C  C  H  O  C  O  L  A  T  E  Z  P  E  S  J
C  I  R  G  P  T  E  G  D  U  F  V  R  V  Q
P  S  N  A  E  B  Y  L  L  E  J  D  M  E  H
C  P  K  C  U  P  C  A  K  E  S  E  N  Z  V
R  U  R  M  G  W  L  I  I  C  F  L  A  M  L
K  D  S  O  C  W  O  P  V  O  S  K  A  O  W
R  D  V  Z  C  C  T  O  U  E  V  E  F  G  M
V  I  P  R  K  P  A  I  I  N  R  J  B  J  Q
R  N  Q  I  S  B  Z  K  I  C  T  P  D  Z  A
S  G  E  J  E  H  O  V  E  B  X  Z  S  F  W
H  F  H  N  K  O  C  C  A  N  D  Y  B  J  R
H  H  R  N  C  S  I  Z  H  A  D  C  X  K  M
```

CAKE	PIE	CHOCOLATE
ICE CREAM	COOKIES	CANDY
BROWNIES	DONUTS	JELLY BEANS
CUPCAKES	PUDDING	FUDGE

FARM ANIMALS

Cows have best friends and can become stressed when separated!

```
T B F Z L Z M W J J D W A T P
U T U G L G M S D L O S V G B
X I X O H I S H K C D G T M L
F H P O V P P U O A I R U G W
R S H E E P K K Z P Z E R T K
A O I Q M Z Y E K N O D K I I
R E R G H X C C N E S N E B U
Q C Q N G O R H J O M J Y B T
X T F H O H R O I V G T I A H
J A I M O Z T S O C G Z M R C
V O F X S N I C E S K C U T D
A G U Q E M U W T D T E G O K
F Z T L N X H U P N K E N W C
V W A C A X C T V Q C T R W U
B U J O W M T F T O G E W W D
```

COW	GOAT	DONKEY
PIG	DUCK	RABBIT
CHICKEN	HORSE	GOOSE
SHEEP	TURKEY	ROOSTER

TYPES OF MUSIC

Classical music can help plants grow faster!

S	F	L	E	P	S	O	G	Z	D	J	D	U	R	Z
E	B	C	Q	G	R	D	I	N	A	Z	O	K	V	D
L	I	O	S	F	G	B	H	Z	P	P	U	X	L	Z
E	H	U	D	Q	G	X	Z	M	E	D	R	H	F	O
C	R	N	N	D	X	G	S	R	E	O	V	R	I	R
T	N	T	R	E	G	G	A	E	A	S	D	P	T	L
R	B	R	K	F	M	F	A	S	E	U	L	B	M	V
O	U	Y	P	A	E	M	S	A	X	M	V	Q	H	L
N	E	H	O	C	L	A	S	S	I	C	A	L	M	P
I	G	F	H	O	G	H	H	E	D	D	I	R	J	F
C	V	R	P	X	A	D	F	O	L	K	M	O	P	U
Z	Z	J	I	B	B	D	G	A	K	V	T	C	B	J
X	P	G	H	T	E	R	U	L	C	D	E	K	P	J
A	N	O	Z	B	E	U	F	T	O	Z	G	R	J	K
H	O	J	P	R	Q	Q	K	B	H	L	J	E	H	G

ROCK	COUNTRY	FOLK
JAZZ	HIP-HOP	ELECTRONIC
CLASSICAL	REGGAE	OPERA
POP	BLUES	GOSPEL

PARTS OF A PLANT

Roots not only hold the plant in the ground, but they also "drink" water from the soil!

```
P R L V E D S D J V U W F N F
M W D Z M H F J U D O L R C A
G E U E I S R J R B A J E L D
T Z N I E O U V B T D U Z N M
B F K Q H S I F E H S B P D
F R A J Q C T P J I P Z D I T
U G O E N W N A H S K K C J H
U C K O L F R A K C Z N O F O
C V U O T N L I R U G U G M R
K X G E Z S G O X B Q R N S N
W P T L H A H L W W R T Z L S
J E W R J C P J K E T W Q A D
J Z X A D H I Z K R R I D F E
T T S W T S S R B X A R X B I
M L M E T S Z G B T Z B C A Z
```

ROOT	PETAL	BARK
STEM	SEED	TRUNK
LEAF	FRUIT	BRANCH
FLOWER	BUD	THORN

REPTILES AND AMPHIBIANS

Frogs absorb water through their skin, so they don't need to drink!

```
A L L I G A T O R F C M N C U
L A G B K J M G G O M O Z J G
R H F K C X H L C O W K T C N
W J C K X H F G O Z R K E Q T
S A V C H W A B E O L F E D Z
A B R X B M U M Q T Q D L K I
L W U M T Z X F E D D A T M I
A V N O H O N F I L L T R H M
M U T T A N A U G I E T U X S
A H X G D A H D S N F O T M N
N R C M Z Z R I P M E S N I A
D G C R O C O D I L E U X W K
E F X U L I Z A R D U V H J E
R D U R C A G E T W E N X O M
B H B S B A N F F W O K C E G
```

SNAKE	TURTLE	NEWT
LIZARD	CROCODILE	GECKO
FROG	ALLIGATOR	IGUANA
TOAD	SALAMANDER	CHAMELEON

SCHOOL SUPPLIES

The yellow color of pencils became popular because it was a sign of quality.

```
J  K  X  W  K  O  V  B  C  T  X  E  C  D  C
M  V  G  V  I  N  L  T  M  F  I  T  Z  W  W
S  H  U  B  R  O  X  O  U  R  I  E  T  S  X
D  R  E  Q  B  W  G  T  E  V  U  R  T  T  P
F  B  E  J  V  E  B  S  J  L  M  I  F  A  A
M  A  O  K  F  J  A  U  G  A  R  R  N  P  P
C  C  O  U  R  R  S  E  E  X  U  L  O  L  E
E  K  U  G  E  A  H  G  J  R  L  I  T  E  R
L  P  D  Z  K  Q  M  X  R  J  E  C  E  R  J
Z  A  V  E  A  G  F  F  L  A  R  N  B  W  T
Q  C  P  S  N  O  Y  A  R  C  I  E  O  T  C
X  K  K  I  E  E  Q  C  N  O  Q  P  O  C  O
R  P  I  O  C  N  W  E  J  E  A  F  A  K  R  W
H  W  H  A  D  R  P  J  B  F  L  S  E  R  R
S  R  O  S  S  I  C  S  E  X  I  D  R  A  F
```

PENCIL	RULER	MARKERS
PEN	SCISSORS	PAPER
ERASER	GLUE	BACKPACK
NOTEBOOK	CRAYONS	STAPLER

SPORTS AND GAMES

The Olympic Games date back over 2,700 years, originating in ancient Greece.

```
I  Q  Z  B  S  J  N  J  B  I  S  P  A  I  B
Q  S  C  A  H  R  Z  H  I  V  G  V  S  I  G
Q  R  Q  S  M  S  Q  T  R  A  A  I  O  W  M
M  E  I  K  D  O  D  L  L  A  B  T  O  O  F
F  K  I  E  V  C  G  B  F  G  Z  R  Q  U  D
K  C  H  T  F  C  C  R  H  O  C  K  E  Y  H
V  E  C  B  O  E  G  G  S  I  N  N  E  T  N
P  H  I  A  D  R  G  O  L  F  U  F  N  R  O
F  C  Z  L  G  A  V  C  T  E  H  N  B  F  T
U  A  C  L  T  F  X  S  T  P  Z  W  I  J  N
F  G  Q  L  R  S  S  E  H  C  X  G  P  P  I
R  S  W  I  M  M  I  N  G  U  V  P  L  J  M
R  E  R  A  V  O  L  L  E  Y  B  A  L  L  D
M  Q  D  Q  P  L  L  A  B  E  S  A  B  F  A
O  S  P  N  B  T  R  X  G  I  M  P  X  E  B
```

SOCCER	FOOTBALL	BADMINTON
BASKETBALL	HOCKEY	CHESS
BASEBALL	VOLLEYBALL	CHECKERS
TENNIS	GOLF	SWIMMING

TYPES OF VEHICLES

The fastest train in the world can travel at over 370 miles per hour!

```
A  T  O  H  H  Z  T  R  A  C  T  O  R  H  F
R  I  L  S  U  B  M  A  R  I  N  E  R  H  J
O  E  R  P  E  Z  K  T  I  W  K  A  S  R  R
N  S  T  P  O  W  B  H  S  G  V  C  A  H  L
C  M  T  O  L  A  K  O  X  T  T  C  E  L  Z
J  K  C  R  O  A  T  P  A  W  G  L  Q  E  M
X  J  C  A  A  C  N  I  F  P  I  D  L  O  Z
X  S  A  U  F  I  S  E  Q  C  B  C  S  D  H
M  J  S  R  R  I  N  U  O  E  Y  O  S  U  B
N  F  C  T  E  T  T  P  L  C  T  B  A  Z  L
R  N  L  V  V  Z  T  C  R  U  M  G  F  T  D
L  D  G  S  K  E  Y  O  T  Q  G  V  C  Z  B
D  S  P  D  R  C  T  C  P  Q  S  B  J  R  G
L  P  F  B  I  O  R  B  Z  E  N  E  E  M  P
V  I  G  B  M  A  E  G  B  Q  N  E  E  F  H
```

CAR	BUS	BOAT
TRUCK	TRAIN	SUBMARINE
BICYCLE	AIRPLANE	TRACTOR
MOTORCYCLE	HELICOPTER	SCOOTER

COOKING VERBS

Sautéing is a way of cooking food quickly in a little oil or butter.

```
X T A N F L I O B M D G M G Q
B W U T R C H K S H I R O X S
B K Q Z Y B F F W P P B J E O
V R E T Q X M X F M D C Q Q Q
P J B R K H Z X C C N M Z D Q
O U F S U P G R I L L O R J O
H R W N S R E M M I S N I Z N
C B Q R W C K R I G S U R Q P
M I X K M V D A E Q T R S Q K
K W H O B A K E S C S T I R K
K S D A L E O A R F I V G L H
F B I W N Z K Q D A Q Q H O A
H J N H Z T R C S T E A M V D
A K V O W C G S L I C E K B J
R F P S R O A S T L F J H D L
```

CHOP	GRILL	SIMMER
STIR	BAKE	WHISK
BOIL	STEAM	MIX
FRY	ROAST	SLICE

MUSICAL GENRES

Jazz is known for improvisation, meaning musicians make up music on the spot!

```
V Z M S Q Q M E B U C S H E P
F F F I K C T L A S N F X Q O
J L A T E M U P C G V S K K H
X D S Z R E A Q Q O G J A O P
J F Q F S X C Z V A C E K V I
T C G B C R I Z L W U B R B H
S V O F L F N A T W H M K S S
Z A P H A P O S H C C S C D K
W M O S S J R O V B B & R O T
P X P X S R T X G I C E F B T
Z Z A J I O C U M K N U F G K
P X J T C C E L W D F V T G Z
A H U R A K L V S Q R I J R E
H M L L L L E F A B A P M L W
G P V X L R U C O U N T R Y G
```

ROCK   BLUES   R&B
POP   HIP-HOP   METAL
JAZZ   REGGAE   FUNK
CLASSICAL   COUNTRY   ELECTRONIC

MODES OF COMMUNICATION

The first text message ever sent was "Merry Christmas" in 1992.

V	T	N	R	A	U	H	E	O	L	F	Q	T	W	E
O	K	R	R	H	Z	E	P	J	Q	G	E	V	M	G
N	O	I	S	I	V	E	L	E	T	L	O	M	O	A
Z	N	I	S	P	G	I	A	R	E	L	F	A	R	U
E	E	E	S	H	V	Z	D	P	H	A	A	I	S	G
N	A	O	D	P	U	G	H	E	E	G	X	D	E	N
A	V	Q	X	Q	D	O	F	R	R	K	V	E	C	A
T	E	F	X	A	N	F	B	P	M	A	D	M	O	L
R	E	T	T	E	L	N	G	E	K	M	L	L	D	N
L	O	O	I	D	A	R	G	W	P	I	Q	A	E	G
B	F	X	F	E	D	S	U	L	A	A	N	I	J	I
T	E	N	R	E	T	N	I	M	O	N	E	C	S	S
C	F	N	J	I	A	U	E	K	M	Z	C	O	T	O
F	Q	T	E	X	T	I	C	A	B	S	I	S	R	I
A	V	Q	Z	R	E	P	A	P	S	W	E	N	O	U

TELEPHONE	TELEVISION	FAX
EMAIL	NEWSPAPER	MORSE CODE
LETTER	INTERNET	SIGN LANGUAGE
RADIO	TEXT	SOCIAL MEDIA

EMOTIONS AND FEELINGS

Laughter actually releases chemicals in your brain that make you feel happier!

```
X L N P K F K P A D P R D T L
Z W K S R D R H U B S S E J P
R H A I V G E O K U D D S E K
B B P D J W R T O J A A S A P
A R H L N P W V I I R S A L I
Q S W G P V R H P C S W R O S
Y R G N A E E T E M X W R U U
J D G U N D D B F G D E A S O
I K A J G V O E I B N O B O I
R F F P O J Z I R Q Y Y M I R
T R L W I S G W W A L P E W U
C O N F I D E N T E C N P C C
H K O A P B N P N L A S L A S
F A H S Z J H O C M T X X J H
M L S T J R L S M I A L R R S
```

HAPPY	SCARED	LONELY
SAD	NERVOUS	JEALOUS
ANGRY	CONFIDENT	CURIOUS
EXCITED	PROUD	EMBARRASSED

TYPES OF FISH

Some species of fish can glow in the dark, like the lanternfish!

```
M N U D B K R A H S S V O E G
B A F B T U N A P M A A D E T
D I X S S J U B H S N M M C Z
L R B H O G F C A T F I S H F
A L Q S V B A S S A D J A G E
J E C I H D R R Q A C M D Q T
F R L F A W U S D I I O Z I D
B E O D D J G T U M C I L P X
U K W L D U D Z U B B T Q A F
I C N O O D K X M O S R H E E
N A F G C I A L B H R O M E O
H M I L K W L X E U U T N O J
K W S D F T E N O M L A S X C
M P H N H L T Z A N X A L E C
K Q X H S I F D R O W S R J Z
```

SALMON	CLOWNFISH	COD
TUNA	TROUT	BASS
GOLDFISH	SWORDFISH	HADDOCK
SHARK	CATFISH	MACKEREL

KITCHEN APPLIANCES

The first electric toaster was invented in 1893, and it could only toast one side of the bread at a time.

```
F V E N U R E H S A W H S I D
E V A W O R C I M V E K O J G
K S X R E Z E E R F D V V D T
F J N X J S S Z I R J D E R O
R O G X C T S V E N K V N O A
E T Q X Q O K D W H V R T T S
K C L K N V N A L F U E R A T
O A F O J E P Z F S J T K R E
O X M Q L U A D D D Z S J E R
C T N B U E R G S S P A E G O
W R F W B X D Q L C B O E I V
O E G H V M G K J L M T Z R E
L X C O F F E E M A K E R F N
S I E G W H F M V V V C S E M
L M I G Q U H N R F W M K R U
```

BLENDER   STOVE   FREEZER

MICROWAVE   REFRIGERATOR   MIXER

TOASTER   OVEN   TOASTER OVEN

COFFEE MAKER   DISHWASHER   SLOW COOKER

FAMOUS LANDMARKS AROUND THE WORLD

The Great Wall of China is over 13,000 miles long!

```
A Q H N J T R W M N J Y T K L
Z I E R W A U G O O A T E X W
I J I B D J H M U D I R G M I
G U F I F M W B N N L E N A R
F F F G T A L I T O I B E C L
O T E B K H P Q R L M I H H L
S N L E F A Q B U F A L E U R
D U T N P L X U S O F F N P U
I O O U M I V T H R A O O I H
M M W H A K K X M E D E T C E
A P E V L L A P O W A U S C M
R C R T I A E T R O R T C H P
Y K S V B V N G E T G A C U P
P X G Q H T U A V T A T P Z A
F M U E S S O L O C S S E N K
```

EIFFEL TOWER   MACHU PICCHU   STONEHENGE

STATUE OF LIBERTY   PYRAMIDS OF GIZA   TOWER OF LONDON

COLOSSEUM   MOUNT RUSHMORE   SAGRADA FAMILIA

TAJ MAHAL   BIG BEN   MOUNT FUJI

TYPES OF DANCE

Breakdancing began in the 1970s and includes lots of cool spins and flips.

```
K O U B D M A O G P O O W D T
Y G F A C T L O W P A V Z N L
R N L S U N R W G A M T Z C J
A A O L H I P H O P A V O A S
R T H A A H K F K S R I E W B
O E U S L O T E P Q A I I T A
P G C B U E I R T W H N F M L
M V L N S S Z Z A J G S L O L
E L Z J A A N T L V Z N A O E
T G M Q F D C X N E T J M R T
N W I Q X N K P I T L Q E L K
O T Q E H T V A R W A W N L O
C J H R W L A C E M W W C A U
B X K N M J K O B R A L O B R
X W W W Q I F O R F B F C O H
```

BALLET	TANGO	JAZZ
TAP	WALTZ	CONTEMPORARY
HIP HOP	BREAKDANCE	FLAMENCO
SALSA	SWING	BALLROOM

SHAPES IN NATURE

Snowflakes are always six-sided and no two are ever exactly alike.

```
G W I T T E E S M Z A T J S R
T I D G O R F Z N S B R W G J
H R I W Z K I W Z H V A R M V
E C A P D U B A C I E T D L F
K D M E H N J Z N L P S B I G
A N O K H X K F D G O A A Q K
L O N M T E Z Z Q Q L U C Q U
F G D J F E L C R I C E D X J
W A S L C R E S C E N T A B G
O X S Q G E L L N N E I H P E
N E G L A X A J S P R T J M G
S H B G J H R S K N E Z G V I
P J S V G X I S J G H H E P R
C J I F O O P W E M P L A V O
I R G I H U S X O D S W T K U
```

STAR   TRIANGLE   HEART
CIRCLE   HEXAGON   DIAMOND
OVAL   SPHERE   CLOUD
SPIRAL   CRESCENT   SNOWFLAKE

TYPES OF ICE CREAM FLAVORS

48

In Italy, they make ice cream flavors like olive oil and parmesan cheese!

```
H F T W T D N X F N L C O N R
E X A P T P K P X N D Z A Z I
J E F M O B C E F A I C H J B
S O O V L F E H O R E U V I C
T T T H A F T R D P V B E S H
R I P H F N Y F R K I T L U O
A P C O O K I E D O U G H R C
W X C O C L T L S J K P G L O
B C V O O T A H L K W Z N E L
E S R S U R I E U A D O H M A
R K L B V U A R I U O E T A T
R J C O P C O C O N U T V R E
Y S O I H C A T S I P A A A R
L X O G N A M Z S G R Q A C D
F P I H C E T A L O C O H C L
```

VANILLA   ROCKY ROAD   CARAMEL
CHOCOLATE   PISTACHIO   CHOCOLATE CHIP
STRAWBERRY   BUTTER PECAN   MANGO
COOKIE DOUGH   COFFEE   COCONUT

CARNIVAL WORDS

The Ferris wheel was named after its inventor, George Ferris.

```
J  G  I  P  K  U  E  Y  I  R  T  W  O  H  F
M  F  C  F  I  L  L  D  A  L  J  E  R  I  P
V  N  L  T  P  D  E  N  G  J  W  V  D  R  H
M  E  O  G  W  D  S  A  A  G  M  C  I  U  Q
A  W  W  C  Q  T  U  C  M  V  R  Z  N  W  V
H  B  N  U  I  J  O  N  E  E  E  L  L  I  S
O  O  J  F  I  N  R  O  S  S  J  H  E  I  S
T  R  F  H  X  G  A  T  E  D  E  A  T  A  O
D  R  E  Q  L  C  C  T  F  I  V  E  U  S  T
O  Z  Q  I  L  X  I  O  D  W  U  N  P  I  G
G  R  E  T  S  A  O  C  R  E  L  L  O  R  N
S  Q  K  K  N  A  T  K  N  U  D  S  P  E  I
O  F  E  R  R  I  S  W  H  E  E  L  L  M  R
J  N  H  N  Z  X  T  X  S  T  E  K  C  I  T
S  C  K  T  X  B  P  O  P  C  O  R  N  E  T
```

FERRIS WHEEL	ROLLER COASTER	HOT DOG
COTTON CANDY	TICKETS	POPCORN
CLOWN	GAMES	DUNK TANK
CAROUSEL	PRIZES	RING TOSS

CAMPING ESSENTIALS

A compass always points to the north, no matter where you are!

```
T C A M P F I R E A O A X N T
D Z F L R M V R R U W S N U I
E H S U C I J J E F S Q B E K
C O H L F E D S L L S N A X D
L K I E E N W L T A A V C S I
A T K J L F I E T S P D K B A
N Q I T E N T E O H M Q P Q T
T J N O G U S P B L O G A M S
E W G G H N A I R I C G C L R
R C B O M X V N E G N U K J I
N O O O T C H G T H B S P A F
G A O E O D L B A T A M L P C
I V T V H R S A W E E N R W S
I J S R T N Z G W P A M U Z U
B F V M A T C H E S V R F D P
```

TENT	MATCHES	WATER BOTTLE
SLEEPING BAG	BACKPACK	FIRST AID KIT
FLASHLIGHT	COMPASS	LANTERN
CAMPFIRE	MAP	HIKING BOOTS

HOBBIES AND INTERESTS

Some people collect stamps, and the oldest stamp in the world is over 180 years old!

```
F  V  E  G  Z  G  B  B  B  A  H  P  J  F  X
P  W  C  R  N  X  N  H  D  I  D  R  P  O  K
P  A  O  J  A  I  W  I  H  Q  V  D  J  C  M
U  L  I  U  F  R  T  G  T  G  B  G  P  W  S
R  E  C  N  I  E  M  C  A  T  G  L  O  U  K
M  D  W  T  T  R  H  R  E  N  I  M  N  C  F
H  P  I  B  I  I  D  D  I  L  A  N  D  A  A
S  N  B  Q  A  E  N  G  R  B  L  O  K  R  U
G  K  C  A  N  K  N  G  B  A  G  O  Z  W  M
L  Z  I  I  C  I  I  R  V  N  W  S  C  I  C
Z  V  N  P  S  X  T  N  B  T  Z  I  A  W  E
D  G  C  N  M  Q  I  P  G  N  I  C  N  A  D
U  R  E  A  D  I  N  G  H  Z  A  F  J  G  W
R  F  C  U  Y  H  P  A  R  G  O  T  O  H  P
B  V  C  O  O  K  I  N  G  P  R  C  Q  G  N
```

PAINTING	PHOTOGRAPHY	SINGING
DRAWING	READING	COOKING
KNITTING	WRITING	BAKING
GARDENING	DANCING	COLLECTING

PARTS OF A HOUSE

Attics are the top part of a house, and people used to use them to store grain.

```
E N O Z B A S E M E N T I A M
P N F M X A I N T R R K C B A
Z M U P D V V U O B R X E P Y
W O H T S B F O C R A M Z R A
I O H N R V F O K A O M R W W
N R M X T Z B J T T M O Q C L
D H O W H M X B F T H O F Q L
O T O L Q G N E O I H R J X A
W A R V N S K K S C E D C Q H
U B G R Z E W J R U G E L D E
C M N B O O H T I M A B B F K
S D I I K O S C A Q R P R M V
R G V A F H D C T H A Z X A B
F R I D T E N Q S I G C D A M
X G L C M J A I O E K R Z Z Z
```

ROOF   LIVING ROOM   BASEMENT

DOOR   BEDROOM   GARAGE

WINDOW   BATHROOM   STAIRS

KITCHEN   ATTIC   HALLWAY

CARTOON CHARACTERS

Mickey Mouse was the first animated character to get a star on the Hollywood Walk of Fame!

```
D D O D D E A C K F X W E T L
R Z O T U H C A K I P H N W O
E L D N T D V O J A J W A E E
B K Y I Q D J K G L S D R E G
F P B E W G G U C L P G O T O
Z U O B U G S B U N N Y D Y I
F B O B E G N O P S Z E G P T
A C C A A Z H W H M U N B Z R
G X S F X W D C Q T U J R E V
C O L Q E S U O M Y E K C I M
H F O O H D Q D J R K G J R Q
E A E F J A L S R F T G Q S L
E W V S Y T J Y C F V O D Z B
B D O N A L D D U C K B M Z V
G N O S P M I S R E M O H W L
```

MICKEY MOUSE	JERRY	PIKACHU
SPONGEBOB	SCOOBY-DOO	GOOFY
BUGS BUNNY	TWEETY	DONALD DUCK
TOM	DORA	HOMER SIMPSON

DINOSAUR NAMES

The name "Tyrannosaurus Rex" means "king of the tyrant lizards."

```
T D D S S U R U A S O G E T S
B V S I U N G S E K X I W U
R T E P P R R J F B D F V I S
A J A L O L U U A Z I S T M U
C L L L O T O A A D G X E Z R
H Y L N L C A D S S N M Q R U
I T G W O O I R O O A S K X A
O C N F F D S R E C L S F I S
S A L A L P O A A C U Y O C O
A D X D E T A N U P I S K M N
U O H C J U I B A R T R F N N
R R K Z D I K T Z U U O T H A
U E S N W S O E U C G S R I R
S T J R Q D J M C T L I S F Y
S P I N O S A U R U S P Z F T
```

TYRANNOSAURUS   VELOCIRAPTOR   ALLOSAURUS
TRICERATOPS   PTERODACTYL   DIPLODOCUS
STEGOSAURUS   ANKYLOSAURUS   IGUANODON
BRACHIOSAURUS   SPINOSAURUS   MOSASAURUS

ELEMENTS OF THE PERIODIC TABLE

Gold is one of the few elements that doesn't rust or tarnish over time.

```
B E M R C Q W Z S I K V K P Q
L Q H P N R V X X E H N D D P
W X Y C I E S L G D L H A E O
H I D E T V G O L D Z B D D E
K R R Z R L J F X P Z R K Q T
H O O G O I E J X S B W B L O
Q N G V G S M O J D M J Z T J
M P E K E P X X W B B I F H Q
D S N A N M M Y W Z N R E T P
D M U I D O S G U C N L S H B
N O B R A C A E R E I U U H H
H B N I P B E N O U S O V N T
Z M Z H I L W N M I S F N L M
A C O P P E R Q N H Q M Z F R
S P T T A G F J M H X U J S E
```

HYDROGEN	GOLD	NITROGEN
OXYGEN	SILVER	COPPER
CARBON	IRON	ZINC
HELIUM	NEON	SODIUM

PARTS OF A CAR

The engine is like the heart of the car, pumping power to make it move!

```
W X L E E H W G N I R E E T S
C H O Q T L E B T A E S N T R
D K S W U N M V V G Q I P G D
X P Z T M E K A B V Z J O S O
R B J H B N X N L T A A Z E H
O I P E U G A D U D W C U R G
T W K A M I J L Z R X D D I H
A I G D P N Y E B A T J B T B
I I P L E E R I A O K G R X O
D O O I R T E H N B R C A S P
A W W G X Z T S H H Z Z K O E
R Z D H I F T D L S Q D E A J
X O K T B Q A N A A C R S R U
W L N S N D B I F D K P Q M E
E R T M J W R W D R E N A D S
```

ENGINE   WINDSHIELD   DASHBOARD

TIRES   SEATBELT   BUMPER

STEERING WHEEL   TRUNK   BATTERY

BRAKES   HEADLIGHTS   RADIATOR

TYPES OF DESSERTS

Gelato has less air whipped into it than ice cream, which is why it tastes creamier.

```
N F L O F E J M P U N C W C T
O P M O I K J M M C H T R A T
O D M K I S X H H E P J E D I
R Z O M S I V W E I H B S C X
A O T C W A K S E F R N K K X
C P T N I Z E K N O Z N G E C
A P X G Q C A H W P T U K B A
M Z L E A C G N U J H A X E C
U H E K P F I D H X C G D S S
S T E U C E D P J G X X J Z C
J F C O F I A Z N T U N O D R
E I P U N P I C E C R E A M U
Q I P G I R W Z C I J I K L N
S A L N S M O U S S E U L M G
F I U R T S D H M J S H K S E
```

CAKE   COOKIE   CHEESECAKE
PIE   CUPCAKE   MOUSSE
ICE CREAM   PUDDING   MACAROON
BROWNIE   TART   DONUT

A light-year is how far light travels in one year—about 6 trillion miles!

```
A T Q C I E X Z N Q S A H E S
F S E T S M Z D K B M U H T P
S L B K H M U I I S R U D I A
H W A L C X B O G I J R S L C
C M J T J O L R M J N O O L E
V T U O C P R E O P W E L E C
J Z D G F O Z T X T E T A T R
U C L G M K H S W W G E R A A
W Q T E M O C A G V A M S S F
G Z T R E T O M C G L S Y R T
R H I L W I C N T I A S S A X
N L X A L U B E N S X V T T X
D X F F B G G M X M Y Q E S I
X O T E N A L P G Z K L M G D
V X W T V K E V P S G O O E O
```

PLANET	COMET	SATELLITE
STAR	GALAXY	SPACECRAFT
MOON	METEOR	NEBULA
ASTEROID	ROCKET	SOLAR SYSTEM

FAMOUS ARTISTS

Leonardo da Vinci was also an inventor, and he sketched designs for a helicopter hundreds of years ago.

```
O S S A C I P O L B A P I W B
I F R I D A K A H L O J T B A
V I N C E N T V A N G O G H T
Z C J T K N A S D C T U B D A
R E E M R E V S E N N A H O J
F J H D F R T V O D C K K K R
I C N I V A D O D R A N O E L
O M I C H E L A N G E L O G U
R F D P S A G E D R A G D E O
U G B S Z H F T W I M V F R A
J K C O L L O P N O S K C A J
I L A D R O D A V L A S W E W
T E N O M E D U A L C I R D U
R E M B R A N D T L M R W F T
G T H A O L O H R A W Y D N A
```

LEONARDO DA VINCI   CLAUDE MONET   ANDY WARHOL

MICHELANGELO   REMBRANDT   JOHANNES VERMEER

PABLO PICASSO   SALVADOR DALI   JACKSON POLLOCK

VINCENT VAN GOGH   FRIDA KAHLO   EDGAR DEGAS

BASKETBALL TERMS

A slam dunk is when a player jumps and pushes the ball straight into the hoop with force.

```
Q K Z N D J K U I O B M I L J
I N X T U C O R M S B Z E W T
W S T S C D R D K A G S S H C
O J Z V C W J N C E H P D G
R P T K J R U K J E O A C P U
H Q C I T D B H F O S O W T K
T D Z G E O C F T S F L K S E
E J K P A I O D E F E N S E Z
E L T R J H L E L B B I R D P
R I D C O V R N G M P W K N J
F X U O O K T I W F F N R H E
T K P D I U F E Z O U U U Q I
F O K A R E R L M U R V X O T
K X F B Q B K T U L B P I C A
D N U O B E R A N D N K A N S
```

DRIBBLE   REBOUND   HOOP

PASS   FREE THROW   DEFENSE

SHOOT   COURT   OFFENSE

DUNK   BACKBOARD   FOUL

TYPES OF PASTA

Spaghetti means "little strings" in Italian because it looks like long pieces of string!

```
Z U O S M A N G A S A L P O E
Z B Q X X I I D M B L T O T G
D Q R P F T S B F B Q D S B Z
W E B E L T H I L F E K P L E
H M D L I E V N T Q L D E V N
G F I U N H B I B S L C N I I
F S B J O G M L G C E I N N C
E E R P R A G L N L D L E O C
L N L E A P B E J B R O V T U
L I J W C S B T R Q A I W A T
A U S G A M Z R V F P V H G T
F G N I M H V O D M P A Z I E
R N W S F P C T N C A R O R F
A I J C H P W U W A P G B X Q
F L B I L L I S U F C M Q H Z
```

SPAGHETTI	LINGUINE	RAVIOLI
PENNE	FETTUCCINE	TORTELLINI
FUSILLI	MACARONI	LASAGNA
FARFALLE	RIGATONI	PAPPARDELLE

GARDENING TOOLS

A trowel is a small hand tool used for digging in the garden.

```
T  S  Q  N  N  F  I  M  R  S  G  E  Q  Z  G
S  Q  H  J  X  R  P  L  V  A  E  S  O  Z  U
H  G  U  V  F  N  W  S  R  E  K  V  P  H  M
E  I  X  L  X  K  S  D  N  Q  W  N  O  C  Q
A  W  O  B  U  H  E  D  H  J  O  A  Z  L  X
R  K  M  V  O  N  N  I  U  A  R  C  Z  T  G
S  V  K  V  F  M  M  M  S  K  R  G  Q  H  H
J  T  E  O  T  R  O  W  E  L  A  N  S  D  V
R  L  R  F  E  D  E  T  A  U  B  I  R  S  Q
S  K  P  F  C  R  T  X  H  R  L  R  E  R  D
Q  P  W  E  S  P  K  S  M  Z  E  E  N  E  M
R  S  A  M  R  A  Z  F  D  E  E  T  U  P  F
R  D  T  D  E  N  N  W  A  K  H  A  R  P  S
D  I  E  X  E  Z  N  H  J  A  W  W  P  O  Z
H  E  F  C  C  D  J  Q  B  R  V  Q  F  L  Q
```

SHOVEL	PRUNERS	SPADE
RAKE	WHEELBARROW	SHEARS
TROWEL	WATERING CAN	GARDEN FORK
HOE	GLOVES	LOPPERS

ART SUPPLIES

The paintbrush has been around for thousands of years, used by ancient Egyptians to decorate tombs.

```
B C P Q C O H E S P J D X B U
Z A Q E J D R Q N D F P P H X
K N T R M N C L O F H O M R E
C V Q Q Q Q I E Y E M K L C T
I A M F V S W S A J G I K Z T
T S D X H J Z A R G F C B E E
S N N C F K V E C U B O P F L
E Q P R K O O B H C T E K S A
U I Q P N X S S R E K R A M P
L S V F N J H L A O C R A H C
G K T W A T E R C O L O R S P
U C S C P H G I F K Q A N B J
T S S Z E P S C I S S O R S F
C O L O R E D P E N C I L S B
W G R W H S U R B T N I A P E
```

PAINTBRUSH   CANVAS   MARKERS

CRAYONS   EASEL   GLUE STICK

COLORED PENCILS   SKETCHBOOK   SCISSORS

WATERCOLORS   CHARCOAL   PALETTE

US STATES AND CAPITALS

The state of Alaska is so big that it could fit 19 other U.S. states inside of it!

```
D E L A W A R E R J Q V I F Z
D R T V N T A L A B A M A W K
S A S N A K R A W M S Z I U C
H Y R E M O G T N O M J R A V
F P V K G B K D B S P B L D U
L U N J O R O H P N Q I L L F
O M V H I J C G W Q F Z O C C
R A N O Z I R A C O L D G N W
I C T L F V V C R U O B O S U
D A K S A L A N G K A X F P X
A M T Z B E I N T W E E H D E
P M M C F A A W R F D C N D I
O Z U J D X I N E O H P Z U N
P S T U C I T C E N N O C D J
V I O D A R O L O C A Q P H O
```

ALABAMA	CALIFORNIA	FLORIDA
ALASKA	COLORADO	MONTGOMERY
ARIZONA	CONNECTICUT	JUNEAU
ARKANSAS	DELAWARE	PHOENIX

TYPES OF ROCKS

Igneous rocks are formed from cooled lava or magma—think of volcanic rocks!

```
V A E F J E N O T S E M I L J
G T J Q C N L H T G C A N L E
A N F U U O E D H O I G U B M
F E V A G T N T K L N O X A R
P T E R Q S G D I A D D E K W
U I L T J D E S I N X M W P H
M M B Z N N Q D L D A C X L A
I O R G L A I E S A D R L B C
C L A N F S G B L E T D G U L
E O M W B N D D T A O E D D J
T D S O E I B L E L H D M M W
Q G P I S J D F R L A S L S Z
W W S W W M A C A N U S U K Z
X S W K V L B W F R M E A N W
K L Z H M D N K V O M F B B D
```

GRANITE   SLATE   SHALE

LIMESTONE   MARBLE   GNEISS

SANDSTONE   OBSIDIAN   PUMICE

BASALT   QUARTZ   DOLOMITE

TYPES OF BRIDGES

Suspension bridges, like the Golden Gate Bridge, can span very long distances.

```
V W M M O V E A B L E S K A O
D I M S W I N G B O O M T Q H
S N C A N T I L E V E R E U E
C U A Z T C I U J U W W Q E B
O K S I I S E H V B C I X D E
V R Z P R W M L L A L P P U A
E U L V E T M P W P M U T C M
R L J N D N S R V S A U R T K
E S U G M J S E G W R P U A V
D B T F X M M I D F C F S F J
T N I I P P X E O E H Q S C E
Z W P A T W F L U N P U P G N
S E L U C S A B A C W B P J Z
J P Z E D E Y A T S E L B A C
J W M S N K J S S W P D R M M
```

SUSPENSION	TRUSS	AQUEDUCT
ARCH	CANTILEVER	PEDESTRIAN
BEAM	SWING	COVERED
CABLE-STAYED	BASCULE	MOVEABLE

SCIENCE LAB EQUIPMENT

Beakers are glass containers used in science experiments to mix or heat liquids.

```
P  I  P  E  T  T  E  I  N  K  R  C  N  R  T
X  D  G  J  B  L  E  N  N  U  F  Z  U  E  H
C  R  V  S  Q  I  D  O  T  A  C  T  K  N  E
G  O  R  A  U  W  Q  O  L  A  W  R  C  R  R
V  P  R  K  T  R  N  J  W  Z  H  C  A  U  M
G  P  Q  X  W  G  X  R  S  N  E  F  R  B  O
P  E  F  Z  S  T  E  S  T  T  U  B  E  N  M
K  R  H  H  B  J  G  S  A  K  B  J  B  E  E
N  V  O  B  E  A  K  E  R  R  N  L  U  S  T
F  V  N  C  N  K  N  V  U  P  K  H  T  N  E
O  G  O  L  D  J  W  E  F  T  J  M  T  U  R
P  M  D  W  T  L  M  V  T  P  E  T  S  B  F
S  L  N  P  X  X  K  S  A  L  F  Q  E  C  X
F  T  P  E  T  R  I  D  I  S  H  J  T  K  D
E  P  O  C  S  O  R  C  I  M  D  B  N  F  E
```

BEAKER	PETRI DISH	THERMOMETER
TEST TUBE	BUNSEN BURNER	DROPPER
FLASK	PIPETTE	TEST TUBE RACK
MICROSCOPE	TONGS	FUNNEL

ROAD SIGNS

The stop sign's octagon shape is used so it's recognizable even from the back!

```
L A A K P C A U T I O N T V W
G U D U I O O E G R E M C E E
M S A Q O V T O P D C B D M J
U P T K X B F S Z L G K P V F
G E U L A A T B K E W F K C L
W E O N O P A R K I N G L I B
A D B O Z O K R K Y J M Z R B
B L A E S N S E U V G B P L L
U I D X C E F K Z O O T C S J
Z M N I H W F W N W P H P Q F
U I U T W A T D F K Z B S U J
L T O A G Y W X T U R W X T W
U O R N O L E F T T U R N K G
K W S C H O O L Z O N E H W O
R E T N E T O N O D W Z C D M
```

STOP	ONE WAY	MERGE
YIELD	SCHOOL ZONE	ROUNDABOUT
SPEED LIMIT	DO NOT ENTER	CAUTION
NO PARKING	EXIT	NO LEFT TURN

TYPES OF MOUNTAINS

The tallest mountain in the world, Mount Everest, is over 29,000 feet high.

```
T I K E X E W G R N E B A R G
I K M L G U P U T N J G T S H
O C E I A D P O A D G M D V O
W O S U C N I W Z E R E R P R
P L A F F H O R A E T V E K S
Q B H H O L E I M R T A H Z T
Q T Z R K Q S V S K P T L J H
T L W I M T G S Z O O E U P V
Q U O N A C L O V K R L D B H
L A I C D I C L H K B E F J D
R F Z C L T U M N Z N D L O F
K C O P J A J S A K S J W G V
B L R S D K C E P I D P V K P
T P E M O D V C R X G Z F M J
A V Z S G L R H E A V X K J B
```

VOLCANO   PLATEAU   GRABEN
FOLD   EROSIONAL   RIDGE
FAULT-BLOCK   UPWARPED   MESA
DOME   HORST   BUTTE

FAMOUS INVENTORS

Thomas Edison, who invented the lightbulb, also had over 1,000 other patents!

```
T Q N O T W E N C A A S I A B
E I R U C E I R A M X A T W J
W R I G H T B R O T H E R S P
S G T A R O Q B B U M M A S E
G A L I L E O G A L I L E I B
B K T W S T E V E J O B S Q T
C S J F R N T K Q M J F H J O
U I L U E L I W H I T N E Y A
S U K N E S R O M L E U M A S
L F X E A L S E T A L O K I N
I C N I V A D O D R A N O E L
T T T A W S E M A J A P D U F
P N O S I D E S A M O H T X V
U L O U I S P A S T E U R Z S
M I G Z Q D F H R L T L X W P
```

THOMAS EDISON   LEONARDO DA VINCI   SAMUEL MORSE
NIKOLA TESLA   WRIGHT BROTHERS   LOUIS PASTEUR
STEVE JOBS   JAMES WATT   ISAAC NEWTON
MARIE CURIE   ELI WHITNEY   GALILEO GALILEI

BEACH VOCABULARY

Starfish have no brain, yet they can regrow lost limbs!

```
W G N S U R F B O A R D L R F
A P H O J S V P R T P Z Z H K
H R D M A K L E D A M V F N V
O C O N Q S S R L T D J A F M
S J D J V R A K P P O E T P G
O B F U I U Q T Q E C W J O U
Q D M Z G N J C S O I C E M Q
Z N K E L L E H S A E S J L P
Q S F S T A R F I S H W R D V
F I E L E D M P M I U I W W S
L M T V F L I P F L O P S E J
G S K D A C S W I M S U I T N
I N E O B W G B W W L U X M L
I U T W D Q Z R F D Z O A E F
I S R L A L L E R B M U I H K
```

SAND   TOWEL   UMBRELLA
WAVES   FLIP-FLOPS   OCEAN
SEASHELL   SURFBOARD   STARFISH
SUN   LIFEGUARD   SWIMSUIT

COOKING SPICES

Cinnamon comes from the inner bark of certain types of trees.

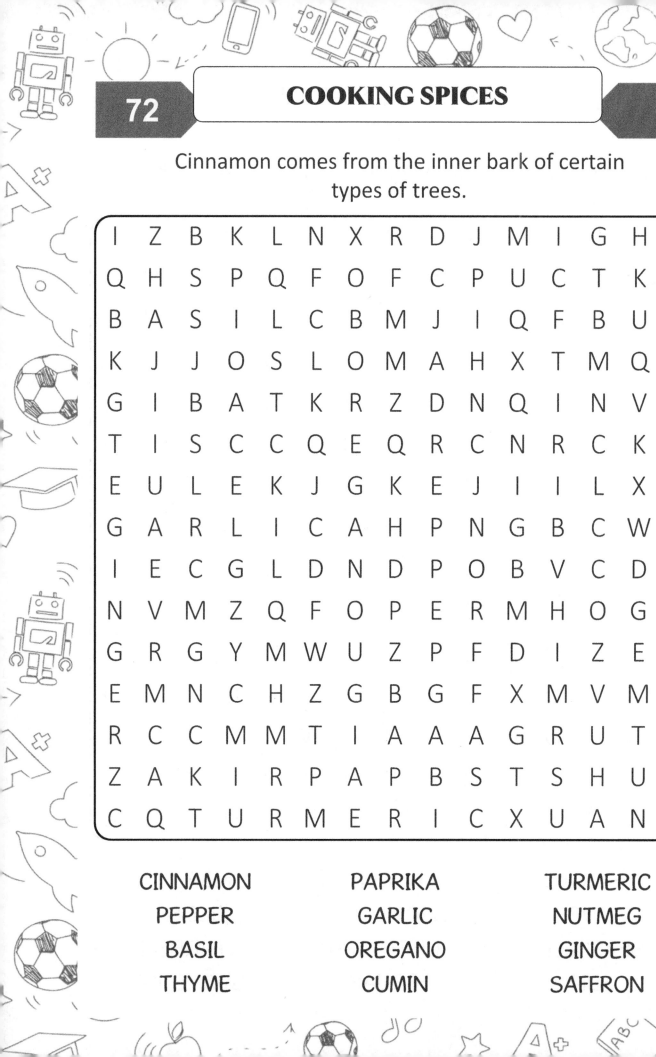

I	Z	B	K	L	N	X	R	D	J	M	I	G	H	B
Q	H	S	P	Q	F	O	F	C	P	U	C	T	K	C
B	A	S	I	L	C	B	M	J	I	Q	F	B	U	G
K	J	J	O	S	L	O	M	A	H	X	T	M	Q	I
G	I	B	A	T	K	R	Z	D	N	Q	I	N	V	V
T	I	S	C	C	Q	E	Q	R	C	N	R	C	K	A
E	U	L	E	K	J	G	K	E	J	I	I	L	X	J
G	A	R	L	I	C	A	H	P	N	G	B	C	W	B
I	E	C	G	L	D	N	D	P	O	B	V	C	D	P
N	V	M	Z	Q	F	O	P	E	R	M	H	O	G	B
G	R	G	Y	M	W	U	Z	P	F	D	I	Z	E	L
E	M	N	C	H	Z	G	B	G	F	X	M	V	M	V
R	C	C	M	M	T	I	A	A	A	G	R	U	T	U
Z	A	K	I	R	P	A	P	B	S	T	S	H	U	M
C	Q	T	U	R	M	E	R	I	C	X	U	A	N	S

CINNAMON	PAPRIKA	TURMERIC
PEPPER	GARLIC	NUTMEG
BASIL	OREGANO	GINGER
THYME	CUMIN	SAFFRON

TYPES OF CURRENCIES

The British pound is the world's oldest currency still in use, dating back to 800 AD.

```
Z  W  M  J  C  Q  D  D  P  Q  F  G  Q  A  L
Z  K  Z  C  L  V  W  I  G  N  O  K  U  P  J
H  X  S  Q  I  Z  D  R  G  N  R  R  J  F  B
R  G  V  P  R  F  P  H  H  H  L  O  M  R  M
K  A  H  E  A  C  L  A  I  J  M  N  C  B  K
I  T  G  S  H  Z  A  M  R  E  S  A  U  T  G
X  J  Q  O  G  G  I  E  A  E  L  N  B  R  F
Y  R  P  Q  S  N  R  N  L  P  A  B  C  T  R
E  G  L  M  P  E  D  H  L  U  W  A  D  F  A
N  O  L  U  L  A  N  K  O  R  Z  X  S  L  N
S  T  R  X  I  W  U  G  D  I  L  G  U  I  I
R  P  M  U  T  C  O  U  S  K  F  P  A  Q  D
A  E  R  X  E  Z  P  T  H  Q  A  N  G  S  W
M  V  Z  A  Q  O  O  Q  U  S  Q  Q  A  H  S
D  O  G  X  W  N  C  N  A  R  F  Q  G  W  E
```

DOLLAR	PESO	DINAR
EURO	RUPEE	DIRHAM
POUND	FRANC	RIAL
YEN	KRONA	LIRA

CAMPING ACTIVITIES

Making s'mores around a campfire is a fun camping tradition!

```
R  T  C  V  G  F  K  H  I  K  I  N  G  G  S
E  V  A  L  K  G  E  O  C  R  D  B  B  P  E
Z  B  N  O  M  W  A  O  O  S  W  I  A  F  I
Q  I  O  R  K  I  O  Q  C  W  S  R  C  L  R
L  G  E  X  P  K  E  A  F  X  T  D  K  L  O
R  O  I  R  I  B  M  H  J  P  A  W  P  H  T
S  F  N  N  N  P  F  F  S  U  R  A  A  E  S
E  N  G  W  F  V  I  G  V  T  G  T  C  U  G
E  J  J  I  M  V  S  N  M  E  A  C  K  S  N
H  M  R  H  N  T  H  I  M  S  Z  H  I  E  I
Z  E  P  G  N  K  I  M  Q  T  I  I  N  R  L
X  Q  H  K  U  B  N  M  I  N  N  N  G  O  L
R  N  L  Z  E  P  G  I  G  E  G  G  X  M  E
W  L  A  J  W  B  K  W  D  T  E  W  K  '  T
O  W  R  V  I  D  A  S  K  D  X  K  Z  S  G
```

HIKING	STARGAZING	TELLING STORIES
FISHING	BIRD WATCHING	TENT SETUP
CANOEING	SWIMMING	BACKPACKING
CAMPFIRE	S'MORES	COOKING

TYPES OF HATS

Top hats were once so popular that some towns required men to wear them in public!

```
N S T B N T I X X T A H P O T
R O B O B U B S E L N P U K U
E M E W A E P R P H X D C B B
G B A L S F E D O R A C V Z B
W R N E E B K D F T O V S Z U
J E I R B S I C H W L R B D C
J R E H A G O W B A L O O F K
F O J A L J Z O V B E S F U E
S K X T L R Y O A N W I G L T
M I W Z C H H H Q O T V B A H
M O P N A Z F N P A O F L J A
V W Z T P E E B H S Z U W B T
K B L P Z N U N F D E V X H W
E X Z Q E P U J G F W M A R C
G A V X O S L F M P X I U J W
```

BASEBALL CAP   BEANIE   VISOR

FEDORA   BERET   TOP HAT

COWBOY HAT   BOWLER HAT   BUCKET HAT

SUN HAT   SOMBRERO   FEZ

DOG BREEDS

The Basenji is the only dog that doesn't bark—it makes a sound called a "yodel."

```
D A L M A T I A N I U Q T I N
F R G O D R G A W N M R R N R
Z X X O S O S H I H T Z U A E
H B P S D B W E V H F A V I L
T U P L O M J L V O X Z T N I
P C L X S I U D B F J N U A E
E U E E E K M O S L V E E R W
B R G K X G L O S E E Q O E T
L E K J G E F P H J Q J Q M T
P E L G A E B F P Z W T U O O
O Q S R O D A R B A L A L P R
R E V E I R T E R N E D L O G
M Q X T D A C H S H U N D X F
N O U F O R D F Z Q I X I J C
N M Z E C H I H U A H U A T V
```

LABRADOR	CHIHUAHUA	DACHSHUND
POODLE	GOLDEN RETRIEVER	SHIH TZU
BULLDOG	DALMATIAN	POMERANIAN
BEAGLE	BOXER	ROTTWEILER

CAT BREEDS

Siamese cats are known for their loud, talkative personalities!

```
C S H B T X E R H S I N R O C
A C E O B G B O F E E G K V E
Q O O H S R A D U S U D N B B
V T V V Q M E G E L L I A A C
N T K Q A P A M S V W F I L D
A I T O O B R I P U Z W S I S
I S R S O U O E N U P T R N R
N H A X B X N M S E Z U E E X
I F G L I E I T S E C X P S S
S O D G D B V D T J M O W E P
S L O B E N G A L G L A O A P
Y D L T S P H Y N X B B I N A
B F L W A M W K M I R F R S D
A X B E U L B N A I S S U R B
P J X Q A C S T R N F Z R E M
```

SIAMESE	RAGDOLL	ABYSSINIAN
PERSIAN	SPHYNX	BURMESE
MAINE COON	SCOTTISH FOLD	CORNISH REX
BENGAL	RUSSIAN BLUE	BALINESE

HORSE BREEDS

Arabian horses have one fewer rib than other horse breeds, making them more flexible.

```
C L Y D E S D A L E N C Q K I
V P D K P F V A C K A H U I G
J A E L Q B B R J Q I Q A T U
G I R T J L Z A W W S B R R C
V N B M E Z Z B S I E P T S N
G T H O P Z N I E R I D E J A
T H G R G P B A Q H R Z R U I
F O U G Z K V N B N F V H A S
E R O A M N C H I F S E O G U
M S R N T Q S X S Z B I R C L
K E O R A U O A I G P G S C A
R P H L G N A T S U M V E B D
R S T P Z S C P E R I H S C N
S S A P P A L O O S A D R E A
W Y N O P D N A L T E H S Z W
```

ARABIAN	MUSTANG	MORGAN
THOROUGHBRED	QUARTER HORSE	FRIESIAN
CLYDESDALE	PAINT HORSE	SHIRE
APPALOOSA	SHETLAND PONY	ANDALUSIAN

ZOO ANIMALS

Giraffes can sleep standing up, and they only sleep for about 30 minutes a day!

```
K S G H K P Z G S K Q T R H A
F A W G U M U A G L W L I V T
U Q P G Q O I O R P I P K K F
A R B E Z E O N T Z P O S P L
K T E K G U A I J O H J N O A
P X S X I J L H H S J G Z N M
E K C L R V L R U B M Q A Q I
N A H X A S I W J S E R E T N
G N U E F J R T P P P E N O G
U G P J F R O Z X D Q A P T O
I A D J E Q G D R Z H A P K Z
N R B P X T L E K P N P P W O
G O V M W Z G I E D D H G H N
R O D L Z I W L A G R P G Q S
M H A M T W E D Z V Q V J U U
```

ELEPHANT   ZEBRA   FLAMINGO
LION   GORILLA   PANDA
GIRAFFE   KANGAROO   RHINO
TIGER   PENGUIN   HIPPO

A "clef" is a musical symbol that tells you the pitch of the notes on the staff.

```
U  F  L  A  T  I  Q  D  A  S  T  P  U  E  A
G  Q  H  L  F  O  T  D  P  A  S  U  A  O  E
S  N  E  F  E  L  C  E  L  B  E  R  T  Q  T
E  N  I  T  I  Q  U  R  X  Z  C  J  T  F  O
R  H  R  Z  O  E  T  O  N  F  L  A  H  T  N
U  H  V  D  B  N  Q  S  P  M  C  V  X  O  R
S  D  F  F  C  L  E  J  H  T  J  B  H  E  E
A  L  E  K  E  J  G  L  B  A  X  I  L  N  T
E  L  L  U  I  T  W  P  O  K  R  N  B  I  R
M  I  C  R  E  S  T  O  E  H  B  P  B  L  A
A  F  S  Z  L  W  T  D  I  O  W  C  C  R  U
R  R  S  A  J  T  G  U  Q  A  A  V  B  A  Q
Z  H  A  P  N  S  B  S  M  P  T  G  V  B  V
S  V  B  U  N  S  T  A  F  F  R  X  M  I  L
Q  C  C  O  N  A  T  U  R  A  L  V  V  A  Q
```

TREBLE CLEF	WHOLE NOTE	REST
BASS CLEF	SHARP	BAR LINE
QUARTER NOTE	FLAT	STAFF
HALF NOTE	NATURAL	MEASURE

CIRCUS PERFORMERS

Trapeze artists fly through the air, catching and swinging from each other's hands!

```
L D T S I L A I R E A R W N G
H I C M K H X E Z I E U E N U
T K O W J N I P T T G S C D T
S D G N F U N B S G T T R M H
I R G F T C G A X I U I E A J
L J I L X A M G L J W G H G W
C S K R V G M T L W I H T I W
Y W O S N U W E T E B T A C A
C P S I Z A W K R D R R E I C
I B R G L M C R A G L O R A R
N X U K R S M J P P N P B N O
U B E T L Z S Z E L U E E J B
J R W X J Z M K Z L Q S R U A
P L C L O W N S E G H N I X T
N G O G D Z C T T E M T F A R
```

CLOWN	RINGMASTER	STILT WALKER
ACROBAT	LION TAMER	UNICYCLIST
JUGGLER	TIGHTROPE	FIRE BREATHER
TRAPEZE	MAGICIAN	AERIALIST

FAMOUS AUTHORS

J.K. Rowling, who wrote Harry Potter, was rejected 12 times before her book was published.

```
T L X A U A X B F E O P V K C
Q K A Z L W L G A F S D U O J
Z D G C E Q U L U W P E W E K
P K M L A T A G L M E P T W C
U F Q B F O N N K W W L E N E
Z G Y X H L G I N D Z C R I B
F H A M H K L L E F N R A A N
T O W D K I L W R W M B E W I
L L G D C E E O P I I D P T E
N W N B Q N W R D Z Z L S I T
E O I T K Z R S Z L U F E R S
T O M B R C O T S R I K K B U
S V E M Q I F K E R O U A C B
U G H H F O J R S D X M H P F
A O K D I C K E N S H X S W K
```

SHAKESPEARE   AUSTEN   POE

TOLKIEN   TWAIN   KEROUAC

ROWLING   ORWELL   STEINBECK

HEMINGWAY   DICKENS   FAULKNER

TOOLS IN A GARAGE

A socket wrench can grip nuts and bolts of different sizes to tighten or loosen them.

```
T S O D Q U L D M I N C R Q I
W E J G W R E N C H E G E D T
Z S L D H F S I I A G F V U I
L H T L A A I X F I W A I T X
V K R E X W H L V G F N R I C
R P T T K T C D S V T H D L R
G M M X S C P E L H O A W I O
K P G J K A O X O Q N M E T W
D M M H V B W S L S C M R Y B
R K K C F F X P D E H E C K A
I M Z V K J P V S M V R S N R
L U P S U Q I W W L G E K I P
L D X D E V R I G N J Q L F U
D U R E D N A S T I P K Q E R
F I M K L S R E I L P L V H V
```

HAMMER　　SAW　　SANDER
SCREWDRIVER　　DRILL　　SOCKET
WRENCH　　LEVEL　　CROWBAR
PLIERS　　CHISEL　　UTILITY KNIFE

TYPES OF SHARKS

The whale shark is the largest fish in the ocean, growing up to 40 feet long!

```
H X U U L P E L Q A C D W F S
C E L A H W Q R M D L Q S X S
Q Z H L L U B D G N I K S A B
I E P E G C I H Q N U R S E A
B B I T U C C S W V S E L P V
L T Q I S E X L C D R E J A B
A B S H A O K I U A M Z U F D
C H U W D G O M O O B L U E E
K I L T K Q V K N W M I F L C
T M Q A E C A H F X D C A T W
I H I E C M Z J U L I B T I C
P P M R C T I R E G I T V H S
S U A G K T H R E S H E R D M
T H A M M E R H E A D W U H S
E O W H J E B X U P W T K K M
```

GREAT WHITE	MAKO	BLUE
HAMMERHEAD	WHALE	BLACKTIP
TIGER	NURSE	THRESHER
BULL	LEMON	BASKING

TYPES OF CLOUDS

Cumulus clouds are fluffy and look like giant cotton balls in the sky.

```
F V D S A W S D B R R G R K O
A H J T C B U T M F O I V S V
A P J R M F R V N F R I U X C
L X U A E N R W S A K T J O N
T Q V T K Q I N L W A S N L U
O X G U O M C U Q R U T X Z M
S D E S M Q C A T B R C S S H
T O V U S I D S M A V C U N V
R R W E T D O I I I D L P Z V
A C J N F R N L D M U Z N B D
T O E D R A I J I M K R G V I
U L A I T O N H U C V K E V L
S S C V G N R C F N J S S L D
J X N R O H S U T A M M A M X
L S U L U M U C O T L A N K I
```

CUMULUS   ALTOSTRATUS   MAMMATUS
STRATUS   CIRROSTRATUS   CONTRAIL
CIRRUS   ALTOCUMULUS   FOG
NIMBUS   LENTICULAR   SMOKE

PARTS OF A COMPUTER

The keyboard is like a typewriter for your computer, letting you type letters and numbers.

```
W M W J B L S S O K P U D M I
D F O M X C X U N W B W P X C
E R I N P F I I F Z M N O H O
V E A U I K O P F O E T W W O
R C U C E T B E T C P T E H L
U Z N U K K O H R X P R R A I
U F X S E R E R V V C O S R N
F W G Z Y R O U A R I P U D G
C N O C B L V W D M P B P D F
I L E O O K K H T I G S P R A
J L A S A L L R J E T U L I N
J R T S R J M O L J N C Y V Z
D R Q W D G T O Q A W X N E O
U D R A C S C I H P A R G G N
S E S U O M M S G Z D C R P D
```

MONITOR	RAM	POWER SUPPLY
KEYBOARD	HARD DRIVE	COOLING FAN
MOUSE	MOTHERBOARD	USB PORT
CPU	GRAPHICS CARD	NETWORK CARD

TYPES OF MINERALS

Quartz is one of the most common minerals on Earth and is used to make glass.

```
X B W F E G G O D X F C F D G
J X Q X D Q E R I I X U L F J
O D Z B U P T X V L H P N A K
N L E A K T I P N Q T S F X T
N R R E O Q L B H N H A E R V
A T L O H R A G W L W N L K P
Z F L O H Z H E H J K G D S Y
F L X T K U C E M H O H S G R
B U U H P A M O S S A U P U I
W O Z G L A M U S P Y G A W T
D R X C T D A F E H D K R G E
Q I I I E F O F Z D N H S T B
I T T E T I T E N G A M N Q S
E E L L L C D O E B B B L R F
E N I V I L O L U W A C I M G
```

QUARTZ	TALC	HEMATITE
FELDSPAR	GYPSUM	PYRITE
MICA	HALITE	FLUORITE
CALCITE	MAGNETITE	OLIVINE

BASKETBALL TEAMS

The Los Angeles Lakers have won 17 NBA championships!

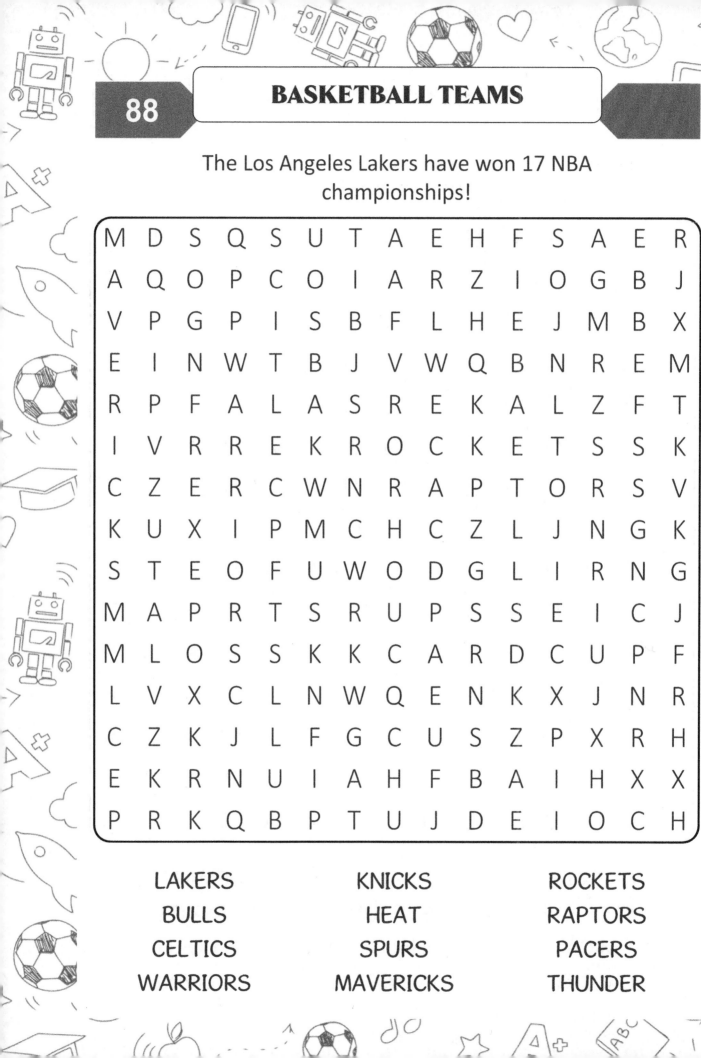

M	D	S	Q	S	U	T	A	E	H	F	S	A	E	R
A	Q	O	P	C	O	I	A	R	Z	I	O	G	B	J
V	P	G	P	I	S	B	F	L	H	E	J	M	B	X
E	I	N	W	T	B	J	V	W	Q	B	N	R	E	M
R	P	F	A	L	A	S	R	E	K	A	L	Z	F	T
I	V	R	R	E	K	R	O	C	K	E	T	S	S	K
C	Z	E	R	C	W	N	R	A	P	T	O	R	S	V
K	U	X	I	P	M	C	H	C	Z	L	J	N	G	K
S	T	E	O	F	U	W	O	D	G	L	I	R	N	G
M	A	P	R	T	S	R	U	P	S	S	E	I	C	J
M	L	O	S	S	K	K	C	A	R	D	C	U	P	F
L	V	X	C	L	N	W	Q	E	N	K	X	J	N	R
C	Z	K	J	L	F	G	C	U	S	Z	P	X	R	H
E	K	R	N	U	I	A	H	F	B	A	I	H	X	X
P	R	K	Q	B	P	T	U	J	D	E	I	O	C	H

LAKERS	KNICKS	ROCKETS
BULLS	HEAT	RAPTORS
CELTICS	SPURS	PACERS
WARRIORS	MAVERICKS	THUNDER

SOCCER TERMS

A "hat trick" in soccer is when a player scores three goals in one game!

```
X M F A L Q Z C W F O U L M S
S T R I K E R V O R B Q T A H
C Z D H V Z O E O R T R M D O
X J O M L Q E Q J S N H J R O
C S A V E U W S N L H E U J T
M F W Q Z D E F E N D E R R B
C L A H E D I S F F O N S E A
X U V A E H S J A V M M D D V
L H C J Q I S R V L R R Y L F
L T K U C Z A V G C I T B E N
V P S L M R P G N B L M P I T
T E A L W R T T B A M M O F W
X O U U K K P L N I A M M D M
G T D X U R E E W T N K P I P
R M K R H E P N J N S P D M Z
```

GOAL	SAVE	PENALTY
DRIBBLE	OFFSIDE	STRIKER
PASS	FOUL	DEFENDER
SHOOT	CORNER	MIDFIELDER

FOOTBALL POSITIONS

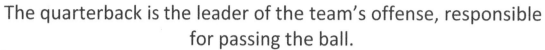

The quarterback is the leader of the team's offense, responsible
for passing the ball.

```
R U N N I N G B A C K B V Z F
R J P H N K D G O Z K P D J F
L R E Q S I W Q V F E U E K Q
I L O U L C U B W U N N F R R
N T W A C K X F H L I T E E Z
E T Q R O E E D D L L E N V P
B I I T R R U Q V B E R S I I
A G Q E N J E I C A V H I E X
C H B R E E T T W C I A V C S
K T B B R Z R C B K S C E E A
E E W A B F J O F N N C L R F
R N M C A F G D B O E D I E E
H D R K C K N K D X F R N D T
S U W Q K X I Q N N F N E I Y
A I P O F V T U G Q O C H W P
```

QUARTERBACK	OFFENSIVE LINE	SAFETY
RUNNING BACK	DEFENSIVE LINE	KICKER
WIDE RECEIVER	LINEBACKER	PUNTER
TIGHT END	CORNERBACK	FULLBACK

GYMNASTICS MOVES

A cartwheel is a basic gymnastics move where you flip sideways on your hands and feet!

```
S L B S N T F M A D B T W X T
U T W P V Q L I Z C L P V Z N
B B S L M G D U E U K C S M P
A C B I M G H K A W C T M X
L N A T E S I V B S N K U H A
A I C D D P N V E R R X U T B
N K K Q L D I M R S I E D D A
C G F L E V N F G G H D M J J
E H L A E M N A F T P M G O V
B L I I H V Z H T O L R Q E S
E B P R W P K R U S D B W T M
A W B E T R E X T G D N X E P
M H V A R P V K O N H N U A G
V H A W A Z D Q I P J T A O G
P A U W C Z O H F A F J K H R
```

CARTWHEEL   VAULT   TUCK
HANDSTAND   BACKFLIP   AERIAL
SOMERSAULT   SPLIT   ROUNDOFF
BALANCE BEAM   PIKE   BRIDGE

OLYMPIC EVENTS

The Olympic Games were originally held to honor the Greek god Zeus.

```
V A F C J R P D N R G N G R G
P F R Z X O D L D G D P N O J
U F V J P E G I V Y C G I W Z
N I B W W E V W E M P N D I M
N I I P B I S S F N Q I G N V
O L R U N N I N G A K L N G O
F B E G A R W M I S D T I S L
L J X K S G L I G T N S M O L
C G A H M S S D R I Q E M C E
J C H V L R O O H C O R I C Y
J E J P V Z N E S S D W W E B
G S H E G F T N I G U P S R A
L L A B T E K S A B J W X M L
D C Y C L I N G P X E D W P L
N U R Q G N I C N E F H H N F
```

SWIMMING	CYCLING	ROWING
RUNNING	WRESTLING	BASKETBALL
GYMNASTICS	JUDO	SOCCER
DIVING	FENCING	VOLLEYBALL

BALLET TERMS

A plié is a ballet move where the dancer bends their knees
while keeping their heels on the ground.

```
S F F R G L T J T B V E X X M
H Q N E K N W E H H G T U T R
D E P D O U N O N K T N E P K
H N Q A B I T R E D I I D U J
N L A S U P G N B M U O E F A
N W T S W L E A E D U P D S S
V Z W I Q I H U D M N N S E Q
J S Z L T E S E Q A E E A R J
X Z R G X N T K C S D T P T Q
G A K N A J W K N I E X T A S
U Z E T T E U O R I P B L A A
F L J L P E F R J Q R D A P B
Y H P A R G O E R O H C V R G
V M K W B A L L E G R O B C A
J Z X X U E M I M O T N A P Q
```

PIROUETTE   ADAGIO   PANTOMIME
ARABESQUE   ALLEGRO   EN POINTE
PLIE   BATTEMENT   PAS DE DEUX
TENDU   CHOREOGRAPHY   GLISSADE

SKIING AND SNOWBOARDING TERMS

Powder is fresh, soft snow that skiers and snowboarders love to ride on.

```
J V S L D D U P X E V E K Q Q
B G Q M A V E X H M K D T S Z
I C M O L A L S W G D G V E Z
N F R E E S T Y L E K N A L E
D C N O G M N I A R R E T O P
I E K N N S G R A A D I H P I
N H B C I L K C J N R D G I P
G C O Z V Q I G L B F M S K F
Q N I O R M A F E C Z O O S L
M A W A A O U E T I E E F R A
D L F X C G D U O L K D U Z H
T A K Q X U N R E D W O P S K
T V B M O L T I C D N Q Q X P
V A C O X R I H I L X Z R B U
D R A O B W O N S I M L H K L
```

POWDER	AVALANCHE	SNOWBOARD
SLALOM	TERRAIN	BINDING
HALFPIPE	LIFT	CARVING
MOGUL	SKI POLES	FREESTYLE

SWIMMING STROKES

The butterfly stroke is one of the most challenging swimming styles because of the wave-like motion.

```
V P D L V A N A N G S E O R B
S L Z V U X B B F N F L W K R
E E G X O T E M I I R D A R E
T N K F F L I W S D E D T G A
U E I O L B D I F A E A E N S
Y V K L R I L X N E S P R I T
X L K O M T P U V R T G P L S
P E F B R A S T K T Y O O L T
J C A R V T E E U V L D L U R
R G S E E X S R D R E H O C O
T G U L M T T K T I N W D S K
W D U A E N T A C S S D Z F E
G W U Y Z P B U S A W E H A M
V G A I W E G H B D B Z K M G
V L B J G U E I F K D M A Q J
```

FREESTYLE   SIDESTROKE   FLIP TURN

BACKSTROKE   DOG PADDLE   STREAMLINE

BREASTSTROKE   SCULLING   WATER POLO

BUTTERFLY   TREADING   RELAY

TYPES OF MARTIAL ARTS

Judo means "gentle way" and focuses on using an opponent's strength against them.

```
R A T C G H Q X M U T I T J C
J A A D S A M B O K U V B H U
A G E G O H R W B X F Q E G K
R A K S K D E N G I G V H X O
I M W T H U I N A I N E N K G
E V O R J U L K G J U G D A N
O A N C M V M O P W K T X R I
P R D F D H K O E A X J I A X
A K O B V S F E A H H C R T O
C L U L L A T I T G S O O E B
I W B H Q A K Q M N U D T C K
O P R B V I E W G B W U Z X C
K P P A D I J D F A X J N B I
S B S O E I A H T Y A U M T K
R Z L B M P U U S N D D D Q W
```

KARATE	AIKIDO	KICKBOXING
JUDO	MUAY THAI	HAPKIDO
TAEKWONDO	CAPOEIRA	SAVATE
KUNG FU	KRAV MAGA	SAMBO

TYPES OF UNDERWATER PLANTS

Kelp is a type of seaweed that can grow up to 2 feet per day!

```
H U N K R G A F A F P Q C T R
O U M D Y L I L R E T A W L W
D F P H V O I N A T V G V O A
V G K B T L N E H E T C C J W
G C S U T O L Q C E R O E L F
K A Q Q D K S J Z L O O G D U
T S G D U X E G U G W N I T D
W S Q F C G M L W R R T T R M
H A Q H K U V D P A E A R O O
E R X S W M N O D S D I V W S
F G D D E V S I B S D L D N S
M A O H E P U M Q O A P T R E
G E T L D X X I N O L U M O N
H S A O D P Q X H T B D N H I
F H T T D G X K L A L G A E G
```

KELP WATER LILY MOSS

EELGRASS LOTUS CHARA

SEAGRASS DUCKWEED COONTAIL

ALGAE HORNWORT BLADDERWORT

BASEBALL POSITIONS

The pitcher stands on a mound and throws the ball to the batter.

```
J J X N U U E A E O B N N L M
B A U U X U P X R E H C T A C
T H I R D B A S E W N G E V I
P S C Q P I T C H E R F H K O
F A G I I J X V I P F J S D S
U E H Z D L E I F T F E L I S
Z F X O E S A B T S R I F B V
X U T I L I T Y P L A Y E R S
E E G W V S H O R T S T O P I
V B D L E I F T H G I R H D W
T V U Q I N F I E L D Z H W V
G G N P K D L E I F T U O N R
X S S S L Q D L P M O B N F K
C U Q P E S A B D N O C E S M
D L E I F R E T N E C F P K N
```

PITCHER SHORTSTOP LEFT FIELD
CATCHER THIRD BASE RIGHT FIELD
FIRST BASE OUTFIELD UTILITY PLAYER
SECOND BASE CENTER FIELD INFIELD

TYPES OF DESSERT TOPPINGS

Whipped cream makes almost any dessert taste sweeter and fluffier!

```
Z L O G R Q C F D J P S D N Q
S W O L L A M H S R A M T B V
S S B M U R C E I K O O C U C
B R O W N I E B I T E S A C N
B P G W E P L O W C W I H D B
O I Y R R E H C R O I C A D I
L Q Z G I C C L P C E X I F S
E C U A S E T A L O C O H C E
M H M I C N T X C N E M E T L
A J Z E E M Q N R U A P Q S K
R K U T I U R F V T F F L M N
A Z R C E U W J B U N S N L I
C H G T H N A V O Z U O V Z R
T D M A E R C D E P P I H W P
H T I C E C R E A M F H C K S
```

WHIPPED CREAM	NUTS	COOKIE CRUMBS
SPRINKLES	CHERRY	FRUIT
CHOCOLATE SAUCE	COCONUT	MARSHMALLOWS
CARAMEL	ICE CREAM	BROWNIE BITES

TYPES OF BREAKFAST FOODS

Pancakes are one of the oldest breakfast foods, eaten by people over 2,000 years ago!

```
B  S  G  P  C  E  G  A  S  U  A  S  F  Q  B
M  N  X  U  Q  G  F  V  I  L  S  V  I  O  A
X  I  X  C  Z  C  G  I  C  J  A  T  M  M  C
U  F  V  J  C  D  P  J  O  I  S  E  O  J  O
Q  F  T  Z  P  M  S  L  P  A  L  V  R  I  N
G  U  K  Q  T  J  A  A  O  E  F  O  U  E  P
K  M  Q  Z  M  E  N  T  T  S  E  V  T  R  C
O  R  W  U  M  C  K  T  E  L  K  P  L  H  R
B  O  T  T  A  L  E  L  T  V  Z  E  E  P  F
P  G  A  K  G  I  F  R  J  M  G  A  J  P  R
N  O  E  Z  G  F  U  I  X  A  D  B  R  H  U
G  S  K  T  A  G  F  Z  B  V  S  G  Z  S  I
R  L  Z  W  O  V  E  P  D  J  G  V  C  T  T
G  J  Q  Y  R  T  D  S  D  U  A  F  F  G  L
D  D  K  S  R  J  T  Q  A  S  I  I  F  S  U
```

PANCAKES	YOGURT	BACON
WAFFLES	BAGEL	SAUSAGE
OMELETTE	TOAST	OATMEAL
CEREAL	MUFFINS	FRUIT

US NATIONAL PARKS

Yellowstone National Park was the first national park in the U.S., established in 1872.

```
G B J H P C N N I G W U A Q X
R Y Q O E K W X E L Z L H M C
H O E U S H P H M A E I A O C
G F C L M H A C L C Q I O L U
N R D K L J U A G I D A D Y I
N Y A S Y O V A G E R A N M S
H R O N D M W L T R N K A P E
D X C S D N O S A R N N N I D
G V J X E C A U T I E A E C A
Z W D F T M A L N O D E H V L
I H B M L M I N D T N A S X G
O P L H M C U T Y A A E C X R
N P E T S D M B E O B I Z A E
F J T V J H Q H S N N E N V V
E A T S B D F Z F H G N Z X E
```

YELLOWSTONE   ROCKY MOUNTAIN   OLYMPIC
YOSEMITE   GLACIER   BADLANDS
GRAND CANYON   ACADIA   EVERGLADES
ZION   JOSHUA TREE   SHENANDOAH

1. ANIMALS OF THE JUNGLE (Solution)

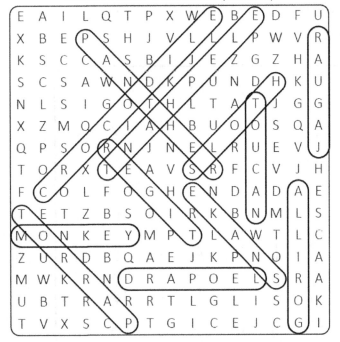

2. COLORS OF THE RAINBOW (Solution)

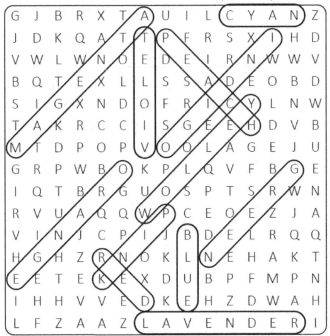

3. TYPES OF FRUIT (Solution)

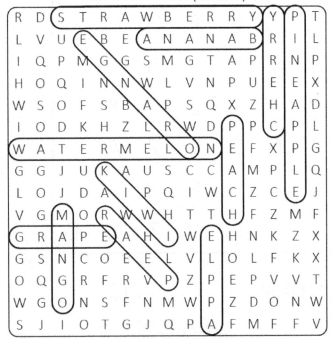

4. PARTS OF THE BODY (Solution)

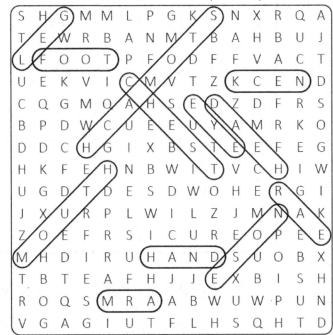

5. SPORTS EQUIPMENT (Solution)

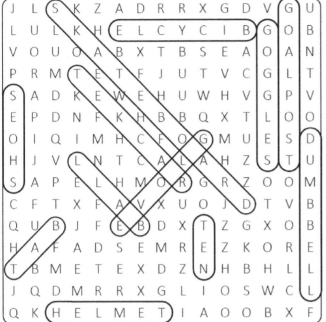

6. SCHOOL SUBJECTS (Solution)

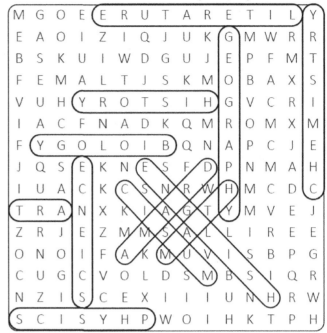

7. OCEAN CREATURES (Solution)

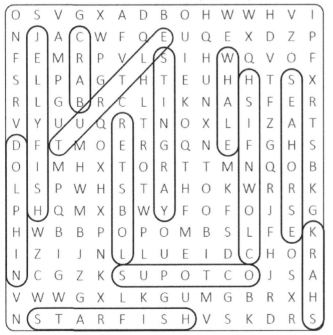

8. TYPES OF BIRDS (Solution)

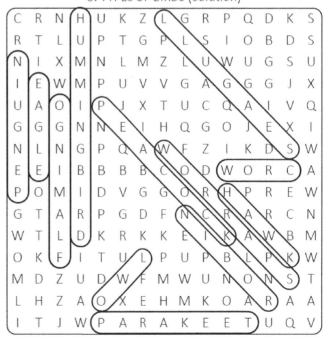

9. COUNTRIES OF THE WORLD (Solution)

```
V W F A I D N I S H Z M U D P
I W K H N I H L N N U J N U Z
Q A E A A G Y B V H N A Q B V
P E P P O N X B H F I F I R V
K A S X A U O Y Q G T Q Q A S
J L D M G C A L C N E T C Z Q
U L R J I Q D A A D D R R I E
C E U X R D A T E P S E H L M
G G E Z H C N I C H T G K F B
F M X J H H A R N E A O Z J A
V Q F I P E C N A Q T B H T F
I V N K X W J G R Q E H K C S
Z A O K H A H W F A S X U K E
J B P O A M N G S W D I Q O U
A N I T N E G R A G K E B F X
```

10. MUSICAL INSTRUMENTS (Solution)

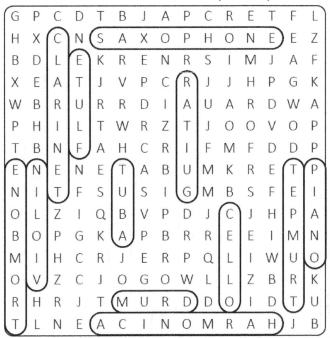

```
G P C D T B J A P C R E T F L
H X C N S A X O P H O N E E Z
B D L E K R E N R S I M J A F
X E A T J V P C R J R J H P G K
W B R U R R D I A U A R D W A
P H I L T W R Z T J O O V O P
T B N F A H C R I F M F D D P
E N E N E T A B U M K R E T P
N I T F S U S I G M B S F E I
O L Z I Q B V P D J C J H P A
B O P G K A P B R R E E I M N
M I H C R J E R P Q L I W U O
O V Z C J O G O W L L Z B R K
R H R J T M U R D D O I D T U
T L N E A C I N O M R A H J B
```

11. INSECTS AND BUGS (Solution)

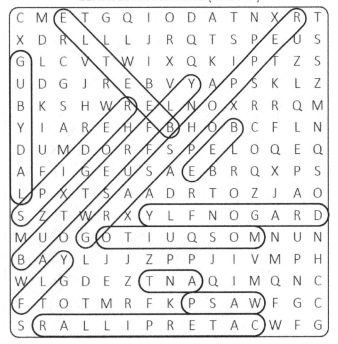

```
C M E T G Q I O D A T N X R T
X D R L L L J R Q T S P E U S
G L C V T W I X Q K I P T Z S
U D G J R E B V Y A P S K L Z
B K S H W R E L N O X R R Q M
Y I A R E H F B H O B C F L N
D U M D O R F S P E L O Q E Q
A F I G E U S A E B R Q X P S
L P X T S A A D R T O Z J A O
S Z T W R X Y L F N O G A R D
M U O G O T I U Q S O M N U N
B A Y L J J Z P P J I V M P H
W L G D E Z T N A Q I M Q N C
F T O T M R F K P S A W F G C
S R A L L I P R E T A C W F G
```

12. PLANETS IN THE SOLAR SYSTEM (Solution)

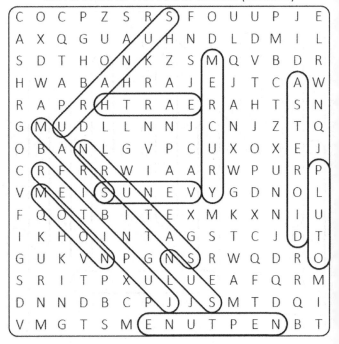

```
C O C P Z S R S F O U U P J E
A X Q G U A U H N D L D M I L
S D T H O N K Z S M Q V B D R
H W A B A H R A J E J T C A W
R A P R H T R A E R A H T S N
G M U D L L N N N J C N J Z T Q
O B A N L G V P C U X O X E J
C R F R R W I A A R W P U R P
V M E I S U N E V Y G D N O L
F Q O T B I T E X M K X N I U
I K H O I N T A G S T C J D T
G U K V N P G N S R W Q D R O
S R I T P X U L U E A F Q R M
D N N D B C P J J S M T D Q I
V M G T S M E N U T P E N B T
```

13. MODES OF TRANSPORTATION (Solution)

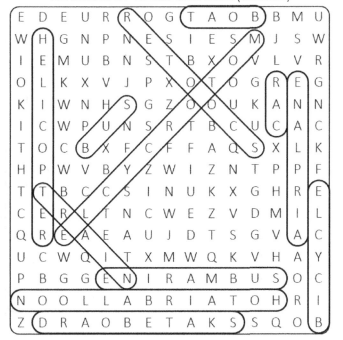

```
E D E U R R O G T A O B B M U
W H G N P N E S I E S M J S W
I E M U B N S T B X O V L V R
O L K X V J P X O T O G R E G
K I W N H S G Z O O U K A N C
I C W P U N S R T B C U C A K
T O C B X F C F F A Q S X L F
H P W V B Y Z W I Z N T P P F
T T B C C S I N U K X G H R E
C E R L T N C W E Z V D M I L
Q R E A E A U J D T S G V A C
U C W Q I T X M W Q K V H A Y
P B G G E N I R A M B U S O C
N O O L L A B R I A T O H R I
Z D R A O B E T A K S S Q O B
```

14. TYPES OF TREES (Solution)

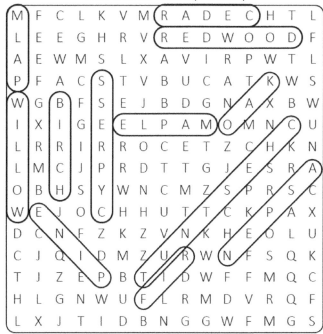

```
M F C L K V M R A D E C H T L
L E E G H R V R E D W O O D F
A E W M S L X A V I R P W T L
P F A C S T V B U C A T K W S
W G B F S E J B D G N A X B W
I X I G E E L P A M O M N C U
L R R I R R O C E T Z C H X U
L M C J P R D T T G J E S R A
O B H S Y W N C M Z S P R S C
W E J O C H H U T T C K P A X
D C N F Z K Z V N K H E O L U
C J Q I D M Z U R W N F S Q K
T J Z E P B T I D W F F M Q C
H L G N W U F L R M D V R Q F
L X J T I D B N G G W F M G S
```

15. SHAPES AND GEOMETRIC FIGURES (Solution)

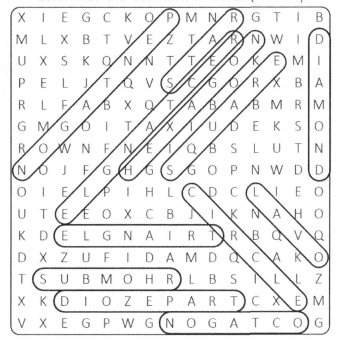

```
X I E G C K O P M N R G T I B
M L X B T V E Z T A R N W I D
U X S K Q N N T T E O K E M I
P E L J T Q V S C G O R X B A
R L F A B X Q T A B A B M R M
G M G O I T A X I U D E K S O
R O W N F N E I Q B S L U T N
N O J F G H G S G O P N W D D
O I E L P I H L C D C L I E O
U T E E O X C B J I K N A H O
K D E L G N A I R T R B Q V Q
D X Z U F I D A M D Q C A K O
T S U B M O H R L B S I L L Z
X K D I O Z E P A R T C X E M
V X E G P W G N O G A T C O G
```

16. DAYS OF THE WEEK (Solution)

```
T I Z D N E K E E W Q K X U R
N I I U X J X T D C X G Y I B
O K T G T T A R S F P C A W A
Y J C F R I D A Y Z H J D P S
A S K N W J Z Z L N X S N H U
D Z T U E S D A Y Y T S O H N
R R K E E W O T A W J P M D D
E T F J Z H P D J V Q U P U A
T X H D W M S A V E J G V U Y
S R A D K E X I I G A H S U Z
E R P X N S A T U R D A Y U C
Y B G D P Z R R D I H C W J D
C U E Z Y A D S R U H T N H H
X W O R R O M O T O I I I S
X H Z N B X D P T O D A Y Q P
```

17. SEASONS OF THE YEAR (Solution)

```
P O R E T N I W L Q E P B A E
K B O I P J I J N T Q O H L W
F R O V N N U H R M Q C O F H
J G Y E Q B D Z S P X Q V L F
C G Z M N M U T U A Q F W I R
B I N Z R S B U X U I I M U R
A D S I M O N S O O N K L F G
D T J N R P T L M D V I J D Q
I H F C N P U S Y C J D D C I
E C J V O X S O Q W B K K K H
V N U T B L I S U M M E R Q D
T V X I O Z D F A L L E R Z D
Q N G V O H T C R A I N Y B I
G K E I J I H J E C L K R Q T
Z T K J E I Y R D H C W Q M C
```

18. JOBS AND OCCUPATIONS (Solution)

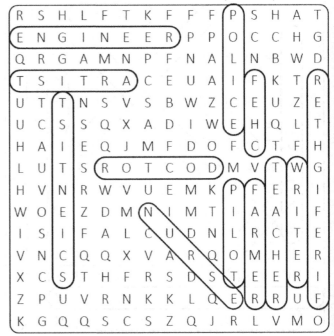

```
R S H L F T K F F F P S H A T
E N G I N E E R P P O C C H G
Q R G A M N P F N A L N B W D
T S I T R A C E U A I F K T R
U T T N S V S B W Z C E U Z E
U C S S Q X A D I W E H Q L T
H A I E Q J M F D O F C T H I
L U T S R O T C O D M V T W G
H V N R W V U E M K P F E R I
W O E Z D M N I M T I A A T F
I S I F A L C U D N L R C T E
V N C Q Q X V A R Q O M H E R
X C S T H F R S D S T E E R I
Z P U V R N K K L Q E R R U F
K G Q Q S C S Z Q J R L V M O
```

19. KITCHEN UTENSILS (Solution)

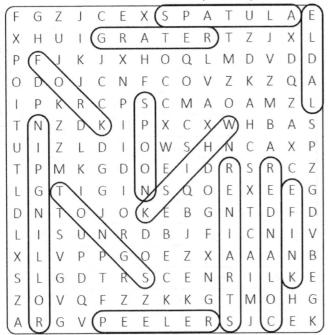

```
F G Z J C E X S P A T U L A E
X H U I G R A T E R T Z J X L
P F J K J X H O Q L M D V D D
O D O J C N F C O V Z K Z Q A
I P K R C P S C M A O A M Z L
T N Z D K I P X C X W H B A S
U I Z L D I O W S H N C A X P
T P M K G D O E I D R S R C Z
L G T I G I N S Q O E X E E G
D N T O J O K E B G N T D F D
L I S U N R D B J F I C N I V
X L V P P G O E Z X A A A N B
S L G D T R S C E N R I L K E
Z O V Q F Z Z K K G T M O H G
A R G V P E E L E R S J C E K
```

20. TYPES OF WEATHER (Solution)

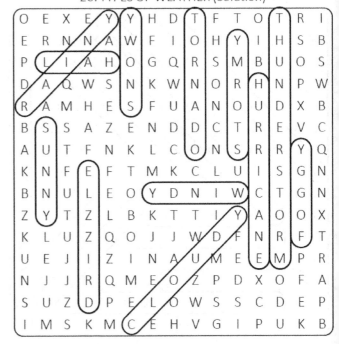

```
O E X E Y Y H D T F T O T R I
E R N N A W F I O H Y I H S B
P L I A H O G Q R S M B U O S
D A Q W S N K W N O R H N P W
R A M H E S F U A N O U D X B
B S S A Z E N D C T R E V C B
A U T F N K L C O N S R R Y G
K N F E F T M K C L U I S G N
B N U L E O Y D N I W C T G N
Z Y T Z L B K T T I Y A O O X
K L U Z Q O J J W D F N R F T
U E J I Z I N A U M E E M P R
N J J R Q M E O Z P D X O F A
S U Z D P E L O W S S C D E P
I M S K M C E H V G I P U K B
```

21. HISTORICAL FIGURES (Solution)

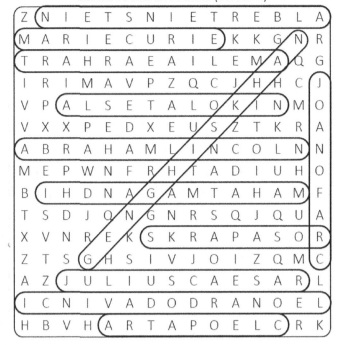

```
Z N I E T S N I E T R E B L A
M A R I E C U R I E K K G N R
T R A H R A E A I L E M A Q G
I R I M A V P Z Q C J H H C J
V P A L S E T A L O K I N M O
V X X P E D X E U S Z T K R A
A B R A H A M L I N C O L N N
M E P W N F R H T A D I U H O
B I H D N A G A M T A H A M F
T S D J O N G N R S Q J Q U A
X V N R E K S K R A P A S O R
Z T S G H S I V J O I Z Q M C
A Z J U L I U S C A E S A R L
I C N I V A D O D R A N O E L
H B V H A R T A P O E L C R K
```

22. TYPES OF CLOTHING (Solution)

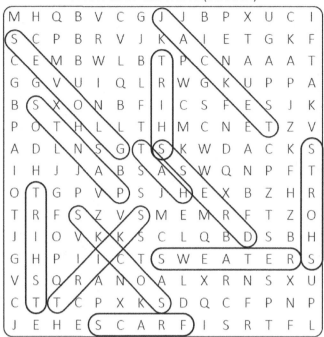

```
M H Q B V C G J J B P X U C I
S C P B R V J K A I E T G K F
C E M B W L B T P C N A A A T
G G V U I Q L R W G K U P P A
B S X O N B F I C S F E S J K
P O T H L L T H M C N E T Z V
A D L N S G T S K W D A C K S
I H J A B S A S W Q N P F T R
O T G P V P S J H E X B Z H O
T R F S Z V S M E M R F T Z H
J I O V K K S C L Q B D S B H
G H P I I C T S W E A T E R S
V S Q R A N O A L X R N S X U
C T T C P X K S D Q C F P N P
J E H E S C A R F I S R T F L
```

23. SEAFOOD DELIGHTS (Solution)

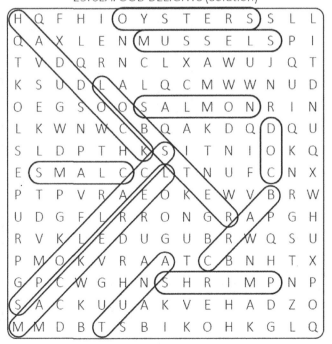

```
H Q F H I O Y S T E R S S L L
Q A X L E N M U S S E L S P I
T V D Q R N C L X A W U J Q T
K S U D L A L Q C M W W N U D
O E G S O O S A L M O N R I N
L K W N W C B Q A K D Q D Q U
S L D P T H K S I T N I O K Q
E S M A L C C L T N U F C N X
P T P V R A E O K E W V B R W
U D G F L R R O N G R A P G H
R V K L E D U G U B R W Q S U
P M O K V R A A T C B N H T X
G P C W G H N S H R I M P N P
S A C K U U A K V E H A D Z O
M M D B T S B I K O H K G L Q
```

24. HALLOWEEN WORDS (Solution)

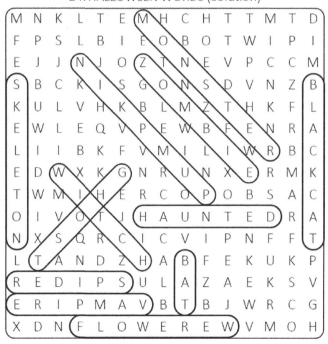

```
M N K L T E M H C H T T M T D
F P S L B I E O B O T W I P I
E J J N J O Z T N E V P C C M
S B C K I S G O N S D V N Z B
K U L V H K B L M Z T H K F L
E W L E Q V P E W B F E N R A
L I I B K F V M I L I W R B C
E D W X K G N R U N X E R M K
T W M I H E R C O P O B S A C
O I V O T J H A U N T E D R A
N X S Q R C I C V I P N F F T
L T A N D Z H A B F E K U K P
R E D I P S U L A Z A E K S V
E R I P M A V B T B J W R C G
X D N F L O W E R E W V M O H
```

25. CHRISTMAS VOCABULARY (Solution)

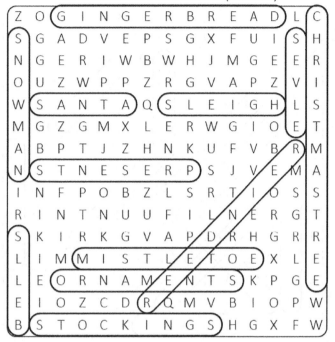

26. TYPES OF PIZZA TOPPINGS (Solution)

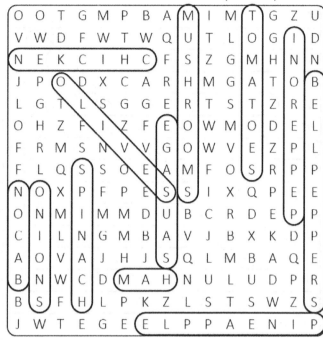

27. ACTION VERBS (Solution)

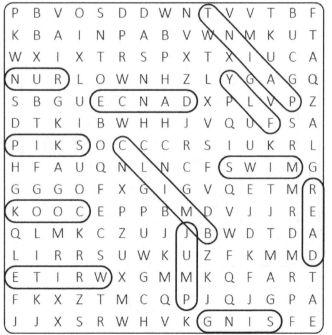

28. ADJECTIVES (Solution)

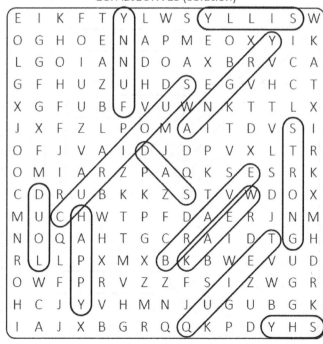

29. TYPES OF FLOWERS (Solution)

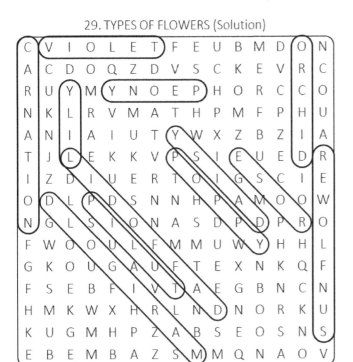

30. TOOLS IN A TOOLBOX (Solution)

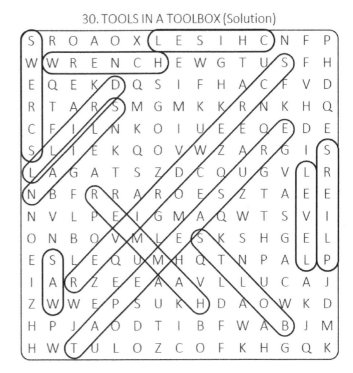

31. DESSERTS AND SWEETS (Solution)

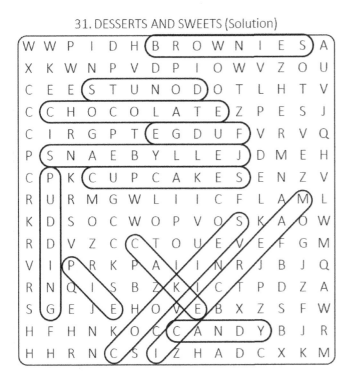

32. FARM ANIMALS (Solution)

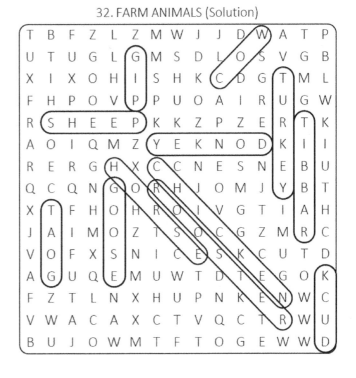

33. TYPES OF MUSIC (Solution)

```
S F L E P S O G Z D J D U R Z
E B C Q G R D I N A Z O K V D
L I O S F G B H Z P U X L Z
E H U D Q G X Z M E D R H F O
C R N N D X G S R E O V R I R
T N T R E G G A E A S D P T L
R B R K F M F A S E U L B M V
O U Y P A E M S A X M V Q H L
N E H O C L A S S I C A L M P
I G F H O G H H E D D I R J F
C V R P X A D F O L K M O P U
Z Z J I B B D G A K V T C B J
X P G H T E R U L C D E K P J
A N O Z B E U F T O Z G R J K
H O J P R Q Q K B H L J E H G
```

34. PARTS OF A PLANT (Solution)

```
P R L V E D S D J V U W F N F
M W D Z M H F J U D O L R C A
G E U E I S R J R B A J E L D
T Z N I E O U V B T D U Z N M
B F K Q H S I F E V H S B P D
F R A J Q C T P J I P Z D I T
U G O E N W N A H S K K C J H
C V U O T N L I R U G U G M O
K X G E Z S G O X B Q R N S R
W P T L H A H L W W R T Z L S
J E W R J C P J K E T W Q A D
J Z X A D H I Z K R R I D F E
T T S W T S S R B X A R X B I
M L M E T S Z G B T Z B C A Z
```

35. REPTILES AND AMPHIBIANS (Solution)

```
A L L I G A T O R F C M N C U
L A G B K J M G G O M O Z J G
R H F K C X H L C O W K T C N
W J C K X H F G O Z R K E Q T
S A V C H W A B E O L F E D Z
A B R X B M U M Q T Q D L K I
L W U M T Z X F E D D A T M I
A V N O H O N F I L L T R H M
M U T T A N A U G I E T U X S
A H X G D A H D S N F O T M N
N R C M Z Z R I P M E S N I A
D G C R O C O D I L E U X W K
E F X U L I Z A R D U V H J E
R D U R C A G E T W E N X O M
B H B S B A N F F W O K C E G
```

36. SCHOOL SUPPLIES (Solution)

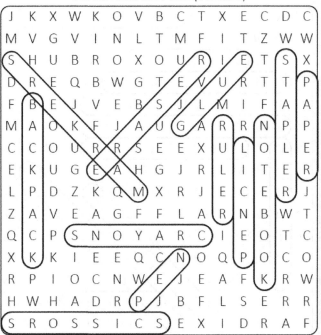

```
J K X W K O V B C T X E C D C
M V G V I N L T M F I T Z W W
S H U B R O X O U R I E T S X
D R E Q B W G T E V U R T T P
F B E J V E B S J L M I F A P
M A O K F J A U G A R R N P E
C C O U R R S E E X U L O L R
E K U G E A H G J R L I T E R
L P D Z K Q M X R J E C E R J
Z A V E A G F F L A R N B W T
Q C P S N O Y A R C I E O T C
X K K I E E Q C N O Q P O C O
R P I O C N W E J E A F K R W
H W H A D R P J B F L S E R R
S R O S S I C S E X I D R A F
```

37. SPORTS AND GAMES (Solution)

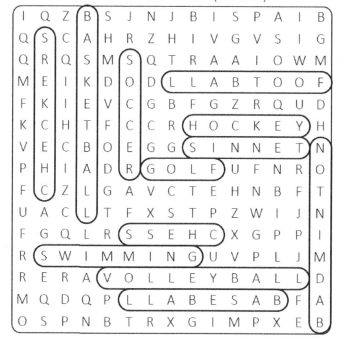

38. TYPES OF VEHICLES (Solution)

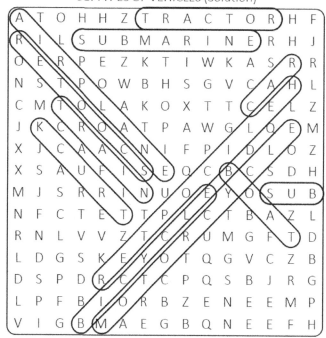

39. COOKING VERBS (Solution)

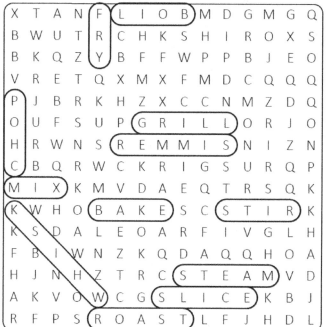

40. MUSICAL GENRES (Solution)

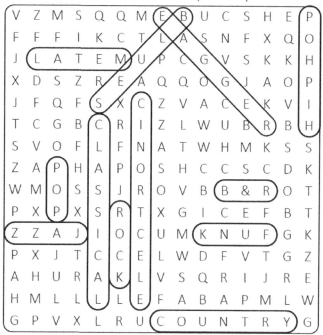

41. MODES OF COMMUNICATION (Solution)

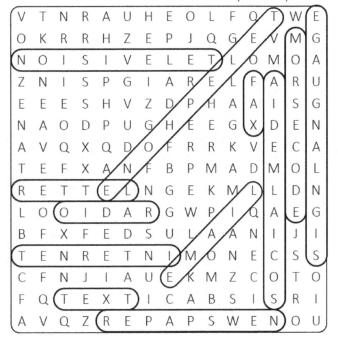

```
V T N R A U H E O L F O T W E
O K R R H Z E P J Q G E V M G
N O I S I V E L E T L O M O A
Z N I S P G I A R E L F A R U
E E E S H V Z D P H A A I S G
N A O D P U G H E E G X D E N
A V Q X Q D O F R R K V E C A
T E F X A N F B P M A D M O L
R E T T E L N G E K M L L D G
L O O I D A R G W P I Q A E G
B F X F E D S U L A A N I J I
T E N R E T N I M O N E C S S
C F N J I A U E K M Z C O T O
F Q T E X T I C A B S I S R I
A V Q Z R E P A P S W E N O U
```

42. EMOTIONS AND FEELINGS (Solution)

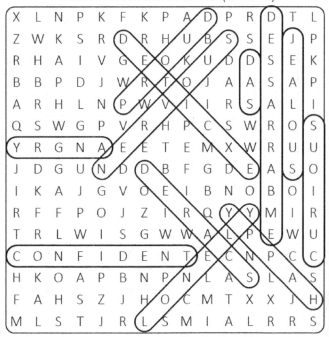

```
X L N P K F K P A D P R D T L
Z W K S R D R H U B S E J P
R H A I V G E O K U D D S E K
B B P D J W R T O J A A S A P
A R H L N P W V I I R S A L I
Q S W G P V R H P C S W R O U
Y R G N A E E T E M X W R U U
J D G U N D D B F G D E A S O
I K A J G V O E I B N O B O I
R F F P O J Z I R Q Y Y M I R
T R L W I S G W W A L P E W U
C O N F I D E N T E C N P C C
H K O A P B N P N L A S L A S
F A H S Z J H O C M T X X J H
M L S T J R L S M I A L R R S
```

43. TYPES OF FISH (Solution)

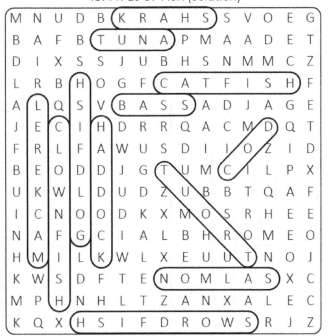

```
M N U D B K R A H S S V O E G
B A F B T U N A P M A A D E T
D I X S S J U B H S N M M C Z
L R B H O G F C A T F I S H F
A L Q S V B A S S A D J A G E
J E C I H D R R Q A C M D Q T
F R L F A W U S D I I O Z I D
B E O D J G T U M C I L P X
U K W L D U D Z U B B T Q A F
I C N O O D K X M O S R H E E
N A F G C I A L B H R O M E O
H M I L K W L X E U U T N O J
K W S D F T E N O M L A S X C
M P H N H L T Z A N X A L E C
K Q X H S I F D R O W S R J Z
```

44. KITCHEN APPLIANCES (Solution)

```
F V E N U R E H S A W H S I D
E V A W O R C I M V E K O J G
K S X R E Z E E R F D V V D T
F J N X J S S Z I R J D E R O
R O G X C T S V E N K V N O A
E T Q X Q O K D W H V R T T S
K C L K N V N A L F U E R A T
O A F O J E P Z F S J T K R E
O X M Q L U A D D D Z S J E R
C T N B U E R G S S P A E G O
W R F W B X D Q L C B O E I V
O E G H V M G K J L M T Z R E
L X C O F F E E M A K E R F N
S I E G W H F M V V V C S E M
L M I G Q U H N R F W M K R U
```

45. FAMOUS LANDMARKS AROUND THE WORLD

```
A Q H N J T R W M N J Y T K L
Z I E R W A U G O O A T E X W
I J I B D J H M U D I R G M I
G U F I F M W B N N L E A C R
F F F G T A L I T O I B C L L
O T E B K H P Q R L M I H H L
S N L E F A Q B U F A L E R U
D U T N P L X U S O F F N P U
I O O U M I V T H R A O O I H
M M W H A K K X M E D E T C E
A P E V L L A P O W A U S C M
R C R T I A E T R O R T C H P
Y K S V B V N G E T G A C U P
P X G Q H T U A V T A T P Z A
F M U E S S O L O C S S E N K
```

46. TYPES OF DANCE (Solution)

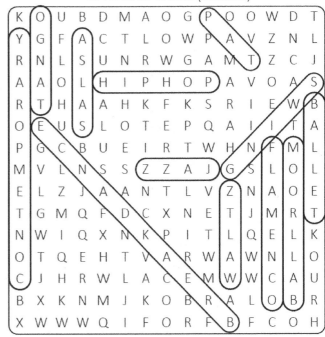

```
K O U B D M A O G P O O W D T
Y G F A C T L O W P A V Z N L
R N L S U N R W G A M T Z C J
A A O L H I P H O P A V O A S
R T H A A H K F K S R I E W B
O E U S L O T E P Q A I T A L
P G C B U E I R T W H N F M L
M V L N S S Z Z A J G S L O E
E L Z J A A N T L V Z N A O T
T G M Q F D C X N E T J M R L
N W I Q X N K P I T L Q E L K
O T Q E H T V A R W A W N L O
C J H R W L A C E M W W C A U
B X K N M J K O B R A L O B R
X W W W Q I F O R F B F C O H
```

47. SHAPES IN NATURE (Solution)

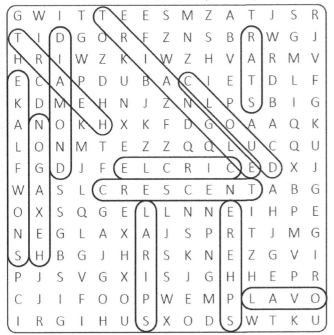

```
G W I T T E E S M Z A T J S R
T I D G O R F Z N S B R W G J
H R I W Z K I W Z H V A R M V
E C A P D U B A C I E T D L F
K D M E H N J Z N L P S B I G
A N O K H X K F D G O A A Q K
L O N M T E Z Z Q Q L U C Q U
F G D J F E L C R I C E D X J
W A S L C R E S C E N T A B G
O X S Q G E L L N N E I H P E
N E G L A X A J S P R T J M G
S H B G J H R S K N E Z G V I
P J S V G X I S J G H H E P R
C J I F O O P W E M P L A V O
I R G I H U S X O D S W T K U
```

48. TYPES OF ICE CREAM FLAVORS (Solution)

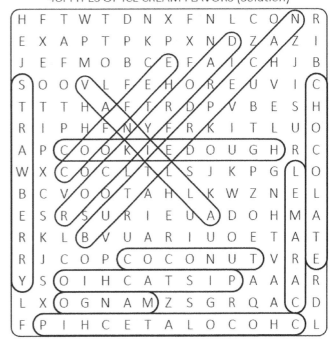

```
H F T W T D N X F N L C O N R
E X A P T P K P X N D Z A Z I
J E F M O B C E F A I C H J B
S O O V L F E H O R E U V I C
T T T H A F T R D P V B E S H
R I P H F N Y F R K I T L U O
A P C O O K I E D O U G H R C
W X C O C L T L S J K P G L O
B C V O O T A H L K W Z N E L
E S R S U R I E U A D O H M A
R K L B V U A R I U O E T A T
R J C O P C O C O N U T V R E
Y S O I H C A T S I P A A A R
L X O G N A M Z S G R Q A C D
F P I H C E T A L O C O H C L
```

49. CARNIVAL WORDS (Solution)

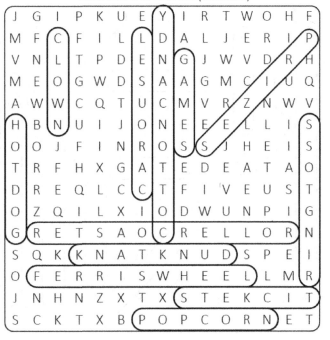

50. CAMPING ESSENTIALS (Solution)

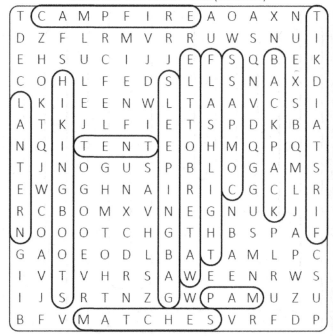

51. HOBBIES AND INTERESTS (Solution)

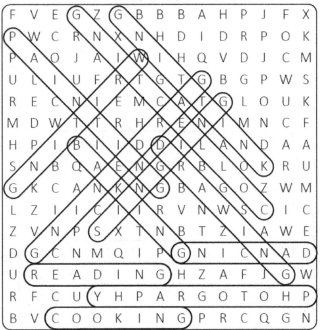

52. PARTS OF A HOUSE (Solution)

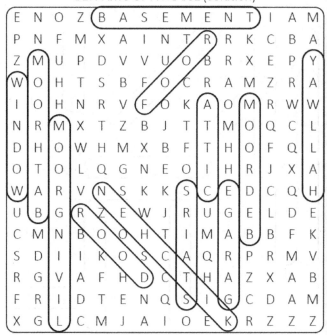

53. CARTOON CHARACTERS (Solution)

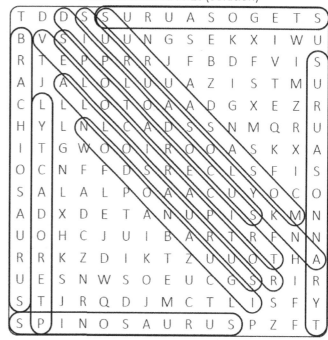

```
D D O D D E A C K F X W E T L
R Z O T U H C A K I P H N W O
E L D N T D V O J A J W A E E
B K Y I Q D J K G L S D R E O
F P B E W G G U C L P G O T O
Z U O B U G S B U N N Y D Y I
F B O B E G N O P S Z E G P T
A C C A A Z H W H M U N B Z R
G X S F X W D C Q T U J R E V
C O L Q E S U O M Y E K C I M
H F O H D Q D J R K G J R Q
E A E F J A L S R F T G Q S L
E W V S Y T J Y C F V O D Z B
B D O N A L D D U C K B M Z V
G N O S P M I S R E M O H W L
```

54. DINOSAUR NAMES (Solution)

```
T D D S S U R U A S O G E T S
B V S I U U N G S E K X I W U
R A E P P R R J F B D F V I S
A J A L O L U U A Z I S T M U
C H L L O T O A A D G X E Z R
H Y L N L C A D S S N M Q R U
I T G W O O I R O O A S K X A
O C N F F D S R E C L S F I S
S A L A L P O A A C U Y O C O
A D X D E T A N U P I S M N N
U O H C J U I B A R T R F N N
R R K Z D I K T Z U U O T H A
U E S N W S O E U C G S R I R
S T J R Q D J M C T L I S F Y
S P I N O S A U R U S P Z F T
```

55. ELEMENTS OF THE PERIODIC TABLE (Solution)

```
B E M R C Q W Z S I K V K P Q
L Q H P N R V X X E H N D D P
W X Y C I E S L G D L H A E O
H I D E T V G O L D Z B D D E
K R R Z R L J F X P Z R K Q T
H O O G O I E J X S B W B L O
Q N V G S M O J D M J Z T J
M P E K E P X X W B B I H Q
D S N A N M M Y W Z N R E T P
D M U I D O S G U C N L S H B
N O B R A C A E R E I U U H H
H B N I P B E N Q U S O V N T
Z M Z H I L W N M I S F N L M
A C O P P E R Q N H Q M Z F R
S P T T A G F J M H X U J S E
```

56. PARTS OF A CAR (Solution)

```
W X L E E H W G N I R E E T S
C H O Q T L E B T A E S N T R
D K S W U N M V V G Q I P G D
X P Z T M E K A B V Z J O S O
R B J H B N X N L T A A Z E H
O I P E U G A D U D W C U R G
T W K A M I J L Z R X D I H
A I G D P N Y E B A T J B T B
I I P L E E R I A O K G R X O
D O O I R T E H N B R C A S P
A W W G X Z T S H H Z Z K O E
R Z D H I F T D L S Q D E A J
X O K T B Q A N A A C R S R U
W L N S N D B I F D K P Q M E
E R T M J W R W D R E N A D S
```

57. TYPES OF DESSERTS (Solution)

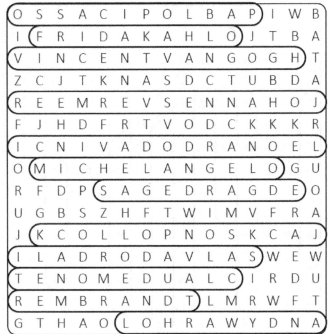

```
N F L O F E J M P U N C W C T
O P M O I K J M M C H T R A T
O D M K I S X H H E P J E D I
R Z O M S I V W E I H B S C X
A O T C W A K S E F R N K K X
C P T N I Z E K N O Z N G E C
A P X G Q C A H W P T U K B A
M Z L E A C G N U J H A X E C
U H E K P F I D H X C G D S S
S T E U C E D P J G X X J Z C
J F C O F I A Z N T U N O D R
E I P U N P I C E C R E A M U
Q I P G I R W Z C I J I K L N
S A L N S M O U S S E U L M G
F I U R T S D H M J S H K S E
```

58. OUTER SPACE WORDS (Solution)

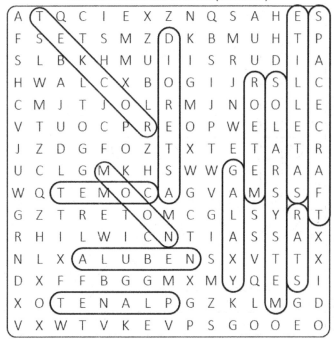

```
A T Q C I E X Z N Q S A H E S
F S E T S M Z D K B M U H T P
S L B K H M U I I S R U D I A
H W A L C X B O G I J R S L C
C M J T J O L R M J N O E E C
V T U O C P R E O P W E L E R
J Z D G F O Z T X T E T A A F
U C L G M K H S W W G E R A F
W Q T E M O C A G V A M S S F
G Z T R E T O M C G L S Y R T
R H I L W I C N T I A S S A X
N L X A L U B E N S X V T X X
D X F F B G G M X M Y Q E S I
X O T E N A L P G Z K L M G D
V X W T V K E V P S G O O E O
```

59. FAMOUS ARTISTS (Solution)

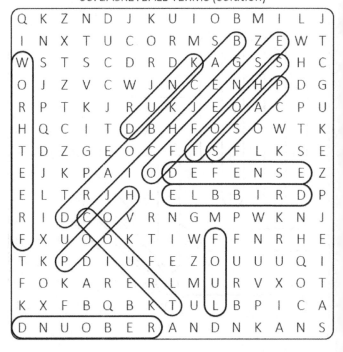

```
O S S A C I P O L B A P I W B
I F R I D A K A H L O J T B A
V I N C E N T V A N G O G H T
Z C J T K N A S D C T U B D A
R E E M R E V S E N N A H O J
F J H D F R T V O D C K K K R
I C N I V A D O D R A N O E L
O M I C H E L A N G E L O G U
R F D P S A G E D R A G D E O
U G B S Z H F T W I M V F R A
J K C O L L O P N O S K C A J
I L A D R O D A V L A S W E W
T E N O M E D U A L C I R D U
R E M B R A N D T L M R W F T
G T H A O L O H R A W Y D N A
```

60. BASKETBALL TERMS (Solution)

```
Q K Z N D J K U I O B M I L J
I N X T U C O R M S B Z E W T
W S T S C D R D K A G S S H C
O J Z V C W J N C E N H P D G
R P T K J R U K J E O A C P U
H Q C I T D B H F O S O W T K
T D Z G E O C F T S F L K S E
E J K P A I O D E F E N S E Z
E L T R J H L E L B B I R D P
R I D C O V R N G M P W K N J
F X U O K T I W F F N R H E
T K P D I U F E Z O U U U Q I
F O K A R E R L M U R V X O T
K X F B Q B K T U L B P I C A
D N U O B E R A N D N K A N S
```

61. TYPES OF PASTA (Solution)

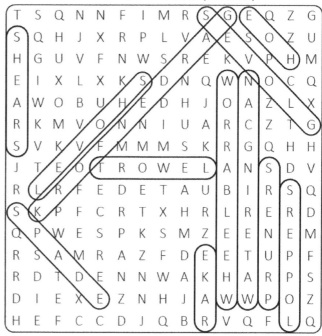

```
Z U O S M A N G A S A L P O E
Z B Q X X I I D M B L T O T G
D Q R P F T S B F B Q D S B Z
W E B E L T H I L F E K P L E
H M D L I E V N T Q L D E V N
G F I U N H B I B S L C N I C
F S B J O G M L G C E N N C
E E R P R A G L N L D L E O C
L N L E A P B E J B R O V T U
L I J W C S B T R Q A I W A T
A U S G A M Z R V F P V H G T
F G N I M H V O D M P A Z I E
R N W S F P C T N C A R O R F
A I J C H P W U W A P G B X Q
F L B I L L I S U F C M Q H Z
```

62. GARDENING TOOLS (Solution)

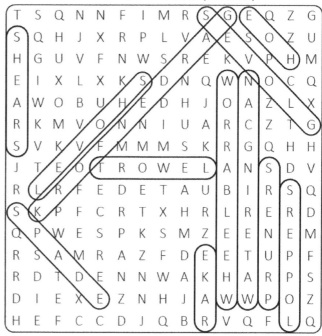

```
T S Q N N F I M R S G E Q Z G
S Q H J X R P L V A E S O Z U
H G U V F N W S R E K V P H M
E I X L X S D N Q W N O C Q
A W O B U H E D H J O A Z L X
R K M V O N N I U A R C Z T G
S V K V F M M M S K R G Q H H
J T E O T R O W E L A N S D V
R L R F E D E T A U B I R S Q
S K P F C R T X H R L R E R D
Q P W E S P K S M Z E E N E M
R S A M R A Z F D E E T U P F
R D T D E N N W A K H A R P S
D I E X E Z N H J A W W P O Z
H E F C C D J Q B R V Q F L Q
```

63. ART SUPPLIES (Solution)

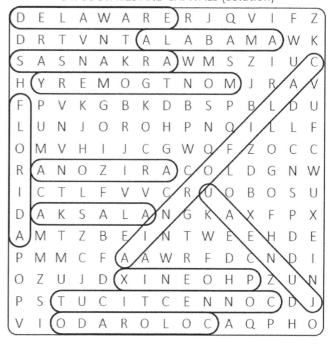

```
B C P Q C O H E S P J D X B U
Z A Q E J D R Q N D F P P H X
K N T R M N C L O F H O M R E
C V Q Q Q Q I E Y E M K L C T
I A M F V S W S A J G I K Z T
T S D X H J Z A R G F C B E E
S N N C F K V E C U B O P F L
E Q P R K O O B H C T E K S A
U I Q P N X S S R E K R A M P
L S V F N J H L A O C R A H C
G K T W A T E R C O L O R S P
U C S C P H G I F K Q A N B J
T S S Z E P S C I S S O R S F
C O L O R E D P E N C I L S B
W G R W H S U R B T N I A P E
```

64. US STATES AND CAPITALS (Solution)

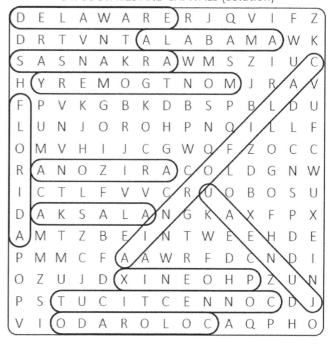

```
D E L A W A R E R J Q V I F Z
D R T V N T A L A B A M A W K
S A S N A K R A W M S Z I U C
H Y R E M O G T N O M J R A V
F P V K G B K D B S P B L D U
L U N J O R O H P N Q I L L F
O M V H I J C G W Q F Z O C C
R A N O Z I R A C O L D G N W
I C T L F V V C R U O B O S U
D A K S A L A N G K A X F P X
A M T Z B E I N T W E E H D E
P M M C F A A W R F D C N D I
O Z U J D X I N E O H P Z U N
P S T U C I T C E N N O C D J
V I O D A R O L O C A Q P H O
```

65. TYPES OF ROCKS (Solution)

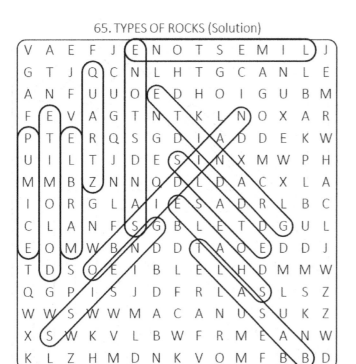

66. TYPES OF BRIDGES (Solution)

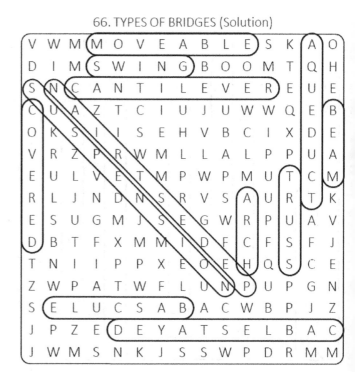

67. SCIENCE LAB EQUIPMENT (Solution)

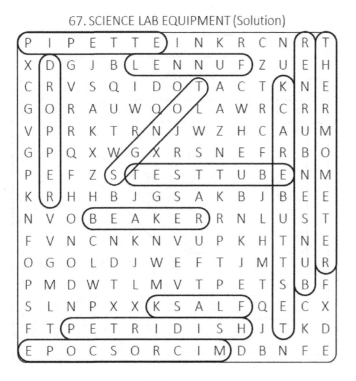

68. ROAD SIGNS (Solution)

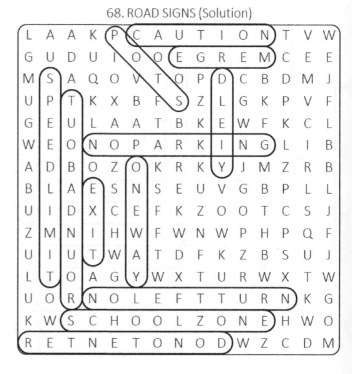

69. TYPES OF MOUNTAINS (Solution)

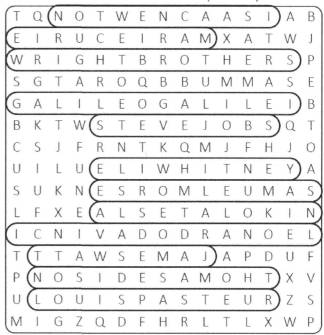

```
T I K E X E W G R N E B A R G
I K M L G U P U T N J G T S H
O C E I A D P O A D G M D V O
W O S U C N I W Z E R E R P R
P L A F F H O R A E T V E K S
Q B H H O L E I M R T A H Z T
Q T Z R K Q S V S K P T L J H
T L W I M T G S Z O O E U P V
Q U O N A C L O V K R L D B H
L A I C D I C L H K B E F J D
R F Z C L T U M N Z N D L O F
K C O P J A J S A K S J W G V
B L R S D K C E P I D P V K P
T P E M O D V C R X G Z F M J
A V Z S G L R H E A V X K J B
```

70. FAMOUS INVENTORS (Solution)

```
T Q N O T W E N C A A S I A B
E I R U C E I R A M X A T W J
W R I G H T B R O T H E R S P
S G T A R O Q B B U M M A S E
G A L I L E O G A L I L E I B
B K T W S T E V E J O B S Q T
C S J F R N T K Q M J F H J O
U I L U E L I W H I T N E Y A
S U K N E S R O M L E U M A S
L F X E A L S E T A L O K I N
I C N I V A D O D R A N O E L
T T T A W S E M A J A P D U F
P N O S I D E S A M O H T X V
U L O U I S P A S T E U R Z S
M I G Z Q D F H R L T L X W P
```

71. BEACH VOCABULARY (Solution)

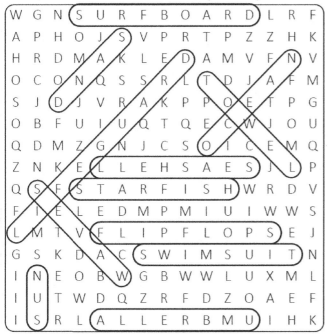

```
W G N S U R F B O A R D L R F
A P H O J S V P R T P Z Z H K
H R D M A K L E D A M V F N V
O C O N Q S S R L T D J A F M
S J D J V R A K P P O E T P G
O B F U I U Q T Q E C W J O U
Q D M Z G N J C S O I C E M Q
Z N K E L L E H S A E S J L P
Q S F S T A R F I S H W R D V
F I E L E D M P M I U I W W S
L M T V F L I P F L O P S E J
G S K D A C S W I M S U I T N
I N E O B W G B W W L U X M L
I U T W D Q Z R F D Z O A E F
I S R L A L L E R B M U I H K
```

72. COOKING SPICES (Solution)

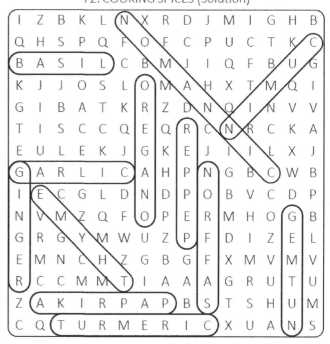

```
I Z B K L N X R D J M I G H B
Q H S P Q F O F C P U C T K C
B A S I L C B M J I Q F B U G
K J J O S L O M A H X T M Q I
G I B A T K R Z D N Q I N V V
T I S C C Q E E R C N R C K A
E U L E K J G K E J I L X J
G A R L I C A H P N G B C W B
I E C G L D N D P O B V C D P
N V M Z Q F O P E R M H O G B
G R G Y M W U Z P F D I Z E L
E M N C H Z G B G F X M V M V
R C C M M T I A A A G R U T U
Z A K I R P A P B S T S H U M
C Q T U R M E R I C X U A N S
```

73. TYPES OF CURRENCIES (Solution)

```
Z W M J C Q D D P Q F G Q A L
Z K Z C L V W I G N O K U P J
H X S Q I Z D R G N R R J F B
R G V P R F P H H H L O M R M
K A H E A C L A I J M N C B K
I T G S H Z A M R E S A U T G
X J Q O G G I E A E L N B R F
Y R P Q S N R N L P A B C T R
E G L M P E D H L U W A D F A
N O L U L A N K O R Z X S L N
S T R X I W U G D I L G U I I
R P M U T C O U S K F P A Q D
A E R X E Z P T H Q A N G S W
M V Z A Q O O Q U S Q Q A H S
D O G X W N C N A R F Q G W E
```

74. CAMPING ACTIVITIES (Solution)

```
R T C V G F K H I K I N G G S
E V A L K G E O C R D B B P E
Z B N O M W A O O S W I A F I
Q I O R K I O Q C W S R C L R
L G E X P K E A F X T D C L O
R O I R I B M H J P A W P H T
S F N N N P F F S U R A A E S
E N G W F V I G V T G T C U G
E J J I M V S N M E A C K E N
H M R H N T H I M S Z H I E I
Z E P G N K I M Q T I I N R L
X Q H K U B N M I N N G O O L
R N L Z E P G I G E G G X M E
W L A J W B K W D T E W K ' T
O W R V I D A S K D X K Z S G
```

75. TYPES OF HATS (Solution)

```
N S T B N T I X X T A H P O T
R O B O B U B S E L N P U K U
E M E W A E P R P H X D C B B
G B A L S F E D O R A C V Z B
W R N E E B K D F T O V S Z U
J E I R B S I C H W L R B D C
J R E H A G O W B A L O O F K
F O J A L J Z O V B E S F U E
S K X T L R Y O A N W I G L T
M I W Z C H H H Q O T V B A H
M O P N A Z F N P A O F L J A
V W Z T P E E B H S Z U W B T
K B L P Z N U N F D E V X H W
E X Z Q E P U J G F W M A R C
G A V X O S L F M P X I U J W
```

76. DOG BREEDS (Solution)

```
D A L M A T I A N I U Q T I N
F R G O D R G A W N M R R N R
Z X X O S O S H I H T Z U A E
H B P S D B W E V H F A V L I
T U P L O M J L V O X Z T N I
P C L X S I U D B F J N U A E
E U E E K M O S L V E E R W
B R G K X G L O S E E Q O E T
L E K J G E F P H J Q J Q M T
P E L G A E B F P Z W T U O O
O Q S R O D A R B A L A L P R
R E V E I R T E R N E D L O G
M Q X T D A C H S H U N D X F
N O U F O R D F Z Q I X I J C
N M Z E C H I H U A H U A T V
```

77. CAT BREEDS (Solution)

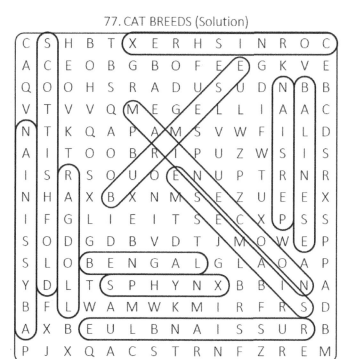

```
C S H B T X E R H S I N R O C
A C E O B G B O F E E G K V E
Q O O H S R A D U S U D N B B
V T V V Q M E G E L L I A A C
N T K Q A P A M S V W F I L D
A I T O O B R I P U Z W S I S
I S R S O U O E N U P T R N R
N H A X B X N M S E Z U E E X
I F G L I E I T S E C X P S S
S O D G D B V D T J M O W E P
S L O B E N G A L G L A O A P
Y D L T S P H Y N X B B I N A
B F L W A M W K M I R F R S D
A X B E U L B N A I S S U R B
P J X Q A C S T R N F Z R E M
```

78. HORSE BREEDS (Solution)

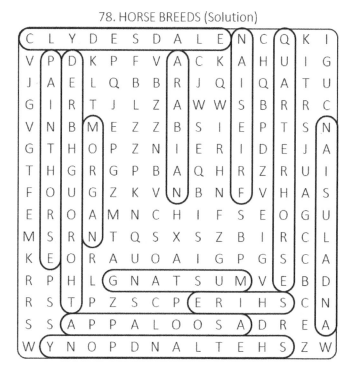

```
C L Y D E S D A L E N C Q K I
V P D K P F V A C K A H U I G
J A E L Q B B R J Q I Q A R U
G I R T J L Z A W W S B R T C
V N B M E Z Z B S I E P T E N
G T H O P Z N I E R I D E J A
G H G R G P B A Q H R Z R U I
F O U G Z K V N B N F V H A S
E R O A M N C H I F S E O G U
M S R N T Q S X S Z B I R C L
K E O R A U O A I G P G S C A
R P H L G N A T S U M V E S D
R S T P Z S C P E R I H S C N
S S A P P A L O O S A D R E A
W Y N O P D N A L T E H S Z W
```

79. ZOO ANIMALS (Solution)

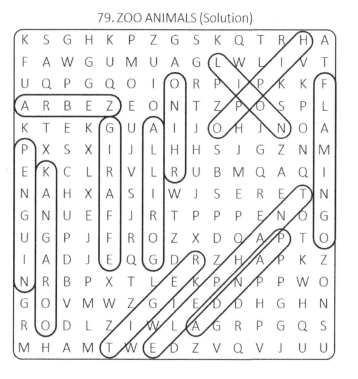

```
K S G H K P Z G S K Q T R H A
F A W G U M U A G L W L I V T
U Q P G Q O I O R P I P K K F
A R B E Z E O N T Z P O S P L
K T E K G U A I J O H N O A M
P X S X I J L H H S J G Z N M
E K C L R V L R U B M Q A Q I
N A H X A S I W J S E R E T N
G N U E F J R T P P P E N O G
U G P J F R O Z X D Q A P T O
I A D J E Q G D R Z H A P K Z
N R B P X T L E K P N P P W O
G O V M W Z G I E D D H G H N
R O D L Z I W L A G R P G Q S
M H A M T W E D Z V Q V J U U
```

80. MUSICAL NOTATION (Solution)

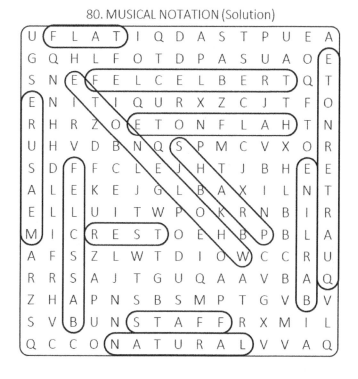

```
U F L A T I Q D A S T P U E A
G Q H L F O T D P A S U A O E
S N E F E L C E L B E R T Q T
E N I T I Q U R X Z C J T F O
R H R Z O E T O N F L A H T N
U H V D B N Q S P M C V X O R
S D F F C L E J H T J B H E E
A L E K E J G L B A X I L N T
E L L U I T W P O K R N B I R
M I C R E S T O E H B P B L A
A F S Z L W T D I O W C C R U
R R S A J T G U Q A A V B A Q
Z H A P N S B S M P T G V B V
S V B U N S T A F F R X M I L
Q C C O N A T U R A L V V A Q
```

81. CIRCUS PERFORMERS (Solution)

```
L D T S I L A I R E A R W N G
H I C M K H X E Z I E U E N U
T K O W J N I P T T G S C D T
S D G N F U N B S G T T R M H
I R G F T C G A X I U I E A J
L J I L X A M G L J W G H G W
C S K R V G M T L W I H T I W
Y W O S N U W E T E B T A C A
C P S I Z A W K R D R R E I C
I B R G L M C R A G L O R A R
N X U K R S M J P P N P B N O
U B E T L Z S Z E L U E E J B
J R W X J Z M K Z L Q S R U A
P L C L O W N S E G H N I X T
N G O G D Z C T T E M T F A R
```

82. FAMOUS AUTHORS (Solution)

```
T L X A U A X B F E O P V K C
Q K A Z L W L G A F S D U O J
Z D G C E Q U L U W P E W E K
P K M L A T A G L M E P T W C
U F Q B F O N N K W W L E N E
Z G Y X H L G I N D Z C R I B
F H A M H K L L E F N R A N N
T O W D K I L W R W M B E W I
L L G D C E E O P I I D P T E
N W N B Q N W R D Z Z L S I T
E O I T K Z R S Z L U F E R S
T O M B R C O T S R I K K B U
S V E M Q I F K E R O U A C B
U G H H F O J R S D X M H P F
A O K D I C K E N S H X S W K
```

83. TOOLS IN A GARAGE (Solution)

```
T S O D Q U L D M I N C R Q I
W E J G W R E N C H E G E D T
Z S L D H F S I I A G F V U I
L H T L A A I X F I W A I T X
V K R E X W H L V G F N R I C
R P T T K T C D S V T H D L R
G M M X S C P E L H O A W I O
K P G J K A O X O Q N M E T W
D M M H V B W S L S C M R Y B
R K K C F F X P D E H E C K A
I M Z V K J P V S M V R S N R
L U P S U Q I W W L G E K I P
L D X D E V R I G N J Q L F U
D U R E D N A S T I P K Q E R
F I M K L S R E I L P L V H V
```

84. TYPES OF SHARKS (Solution)

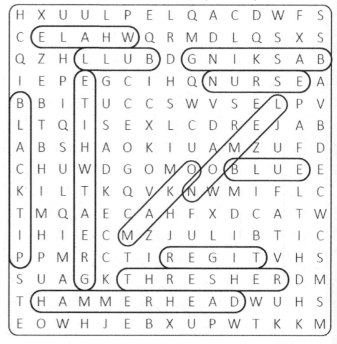

```
H X U U L P E L Q A C D W F S
C E L A H W Q R M D L Q S X S
Q Z H L L U B D G N I K S A B
I E P E G C I H Q N U R S E A
B B I T U C C S W V S E L P V
L T Q I S E X L C D R E J A B
A B S H A O K I U A M Z U F D
C H U W D G O M O O B L U E E
K I L T K Q V K N W M I F L C
T M Q A E C A H F X D C A T W
I H I E C M Z J U L I B T I C
P P M R C T I R E G I T V H S
S U A G K T H R E S H E R D M
T H A M M E R H E A D W U H S
E O W H J E B X U P W T K K M
```

85. TYPES OF CLOUDS (Solution)

```
F V D S A W S D B R R G R K O
A H J T C B U T M F O I V S V
A P J R M F R V N F R I U X C
L X U A E N R W S A K T J O N
T Q V T K Q I N L W A S N L U
O X G U O M C U Q R U T X Z M
S D E S M Q C A T B R C S S H
T O V U S I D S M A V C U N V
R R W E T D O I I I D L P Z V
A C J N F R N L D M U Z N B D
T O E D R A I J I M K R G V I
U L A I T O N H U C V K E V L
S S C V G N R C F N J S S L D
J X N R O H S U T A M M A M X
L S U L U M U C O T L A N K I
```

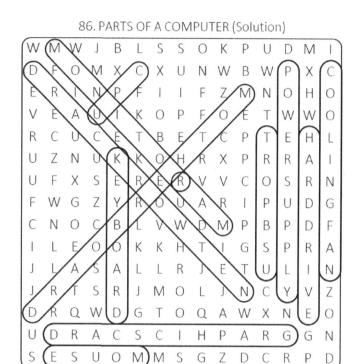

86. PARTS OF A COMPUTER (Solution)

```
W M W J B L S S O K P U D M I
D F O M X C X U N W B W P X C
E R I N P F I I F Z M N O H O
V E A U I K O P F O E T W W O
R C U C E T B E T C P T E H L
U Z N U K K O H R X P R R A I
F W G Z Y R O U A R I P U D N
C N O C B L V W D M P B P R G
I L E O K K H T I G S P R A F
J L A S A L L R J E T U L I N
J R T S R J M O L J N C Y I Z
D R Q W D G T O Q A W X N E O
U D R A C S C I H P A R G G N
S E S U O M M S G Z D C R P D
```

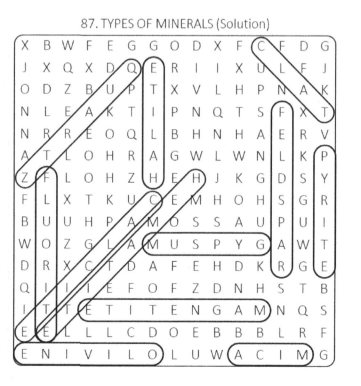

87. TYPES OF MINERALS (Solution)

```
X B W F E G G O D X F C F D G
J X Q X D Q E R I I X U L F J
O D Z B U P T X V L H P N A K
N L E A K T I P N Q T S F X T
N R R E O Q L B H N H A E R V
A T L O H R A G W L W N L K P
Z F L O H Z H E H J K G D S Y
F L X T K U C E M H O H S G R
B U U H P A M O S S A U P U I
W O Z G L A M U S P Y G A W T
D R X C T D A F E H D K R G E
Q I I I E F O F Z D N H S T B
I T T E T I T E N G A M N Q S
E E L L L C D O E B B B L R F
E N I V I L O L U W A C I M G
```

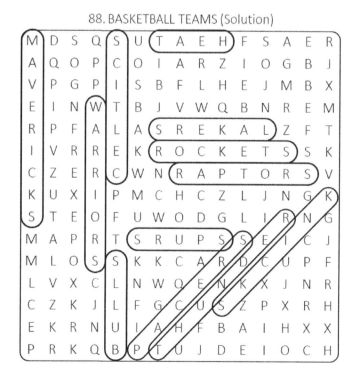

88. BASKETBALL TEAMS (Solution)

```
M D S Q S U T A E H F S A E R
A Q O P C O I A R Z I O G B J
V P G P I S B F L H E J M B X
E I N W T B J V W Q B N R E M
R P F A L A S R E K A L Z F T
I V R R E K R O C K E T S S K
C Z E R C W N R A P T O R S V
K U X I P M C H C Z L J N G K
S T E O F U W O D G L I R N G
M A P R T S R U P S S E I C J
M L O S S K K C A R D C U P F
L V X C L N W Q E N K X J N R
C Z K J L F G C U S Z P X R H
E K R N U I A H F B A I H X X
P R K Q B P T U J D E I O C H
```

89. SOCCER TERMS (Solution)

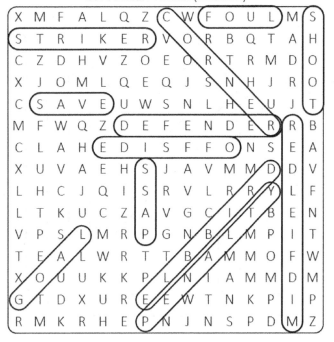

90. FOOTBALL POSITIONS (Solution)

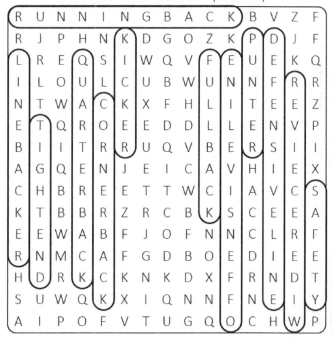

91. GYMNASTICS MOVES (Solution)

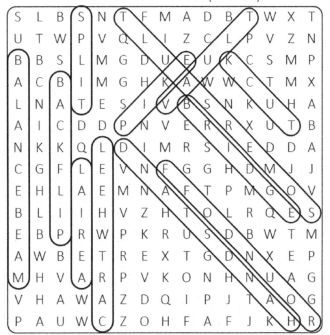

92. OLYMPIC EVENTS (Solution)

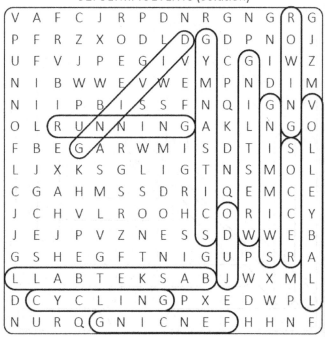

93. BALLET TERMS (Solution)

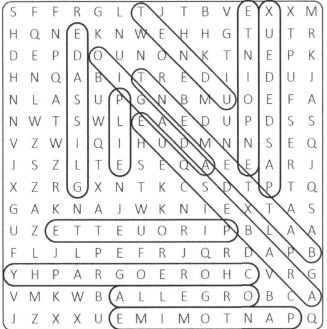

94. SKIING AND SNOWBOARDING TERMS (Solution)

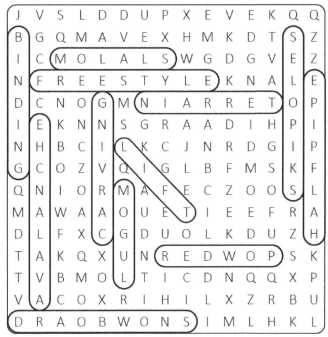

95. SWIMMING STROKES (Solution)

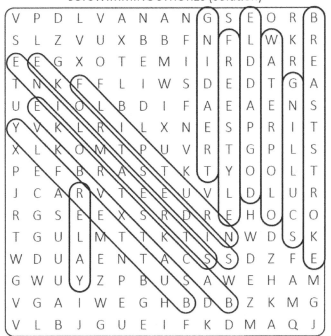

96. TYPES OF MARTIAL ARTS (Solution)

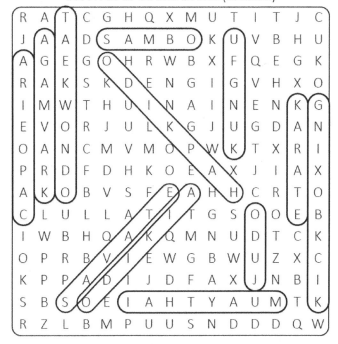

97. TYPES OF UNDERWATER PLANTS (Solution)

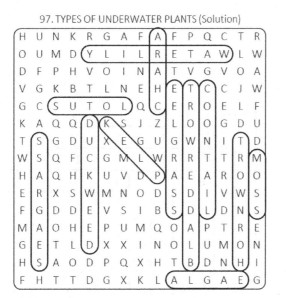

98. BASEBALL POSITIONS (Solution)

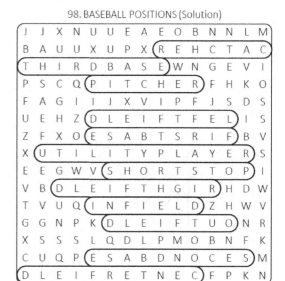

99. TYPES OF DESSERT TOPPINGS (Solution)

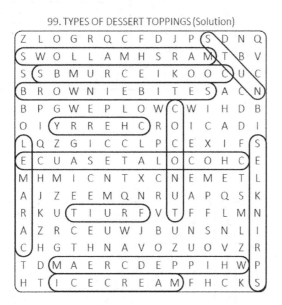

100. TYPES OF BREAKFAST FOODS (Solution)

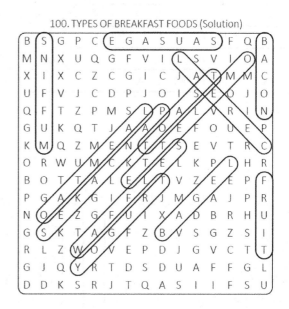

101. US NATIONAL PARKS (Solution)

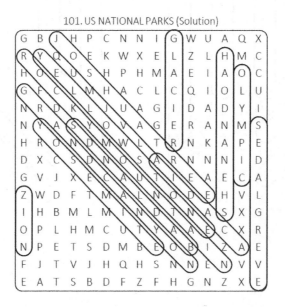

Made in the USA
Las Vegas, NV
27 December 2024

15315169R00072